JN409014

별레의 꿈

장 민 시집
전금숙 번역

시와사람

국립중앙도서관 출판시도서목록(CIP)

벌레의 꿈 : 장민 시집 / 지은이: 장민 ; 번역: 전금숙. --
광주 : 시와사람, 2015
p. ; cm

일부는 중국어를 한국어로 번역 ; 본문은 한국어, 중국어가
혼합수록됨
ISBN 978-89-5665-434-8 03810 : ₩10000

중국 시[中國詩]

821.7-KDC6
895.115-DDC23 CIP2015027545

벌레의 꿈

기억에 따르면 초등학교 3학년 때 처음으로 시를 지어보았던 것 같다. 그리고 그 때부터 시를 통해 자신의 모습을 세상에 보여주기 위한 노력을 지금까지 계속해 왔던 것 같다. 그러기를 40년, 내 나이도 쉰을 바라보게 되었으나 그 습관은 그대로 간직하고 있는 걸 보면 나의 남은 삶도 아마 "시"라는 이 지팡이에 의지해야만 할 것 같다. 그리고 지금에 이르러서야 시는 유연하면서도 진실한 영혼을 담고 있음을 깨닫게 되었다.

이번에 내가 지은 시들 중 일부가 한국어로 옮겨져 한국 독자들과 만나게 되었다. 나는 크나큰 흥분과 더불어 황송한 마음을 금할 수 없다. 나의 이 작은 시들이 한국 독자들에게 어떻게 느껴질지, 그리고 앞으로 또 어떤 새로운 인연들을 만나게 될지 나는 호기심과 궁금함을 금할 수 없다. 한국과 중국은 서로 이웃해 있는 나라이다. 그리고 예나 지금이나 막론하고 동방문화를 함께 지향해 오면서 이를 골수의 깊은 곳까지 잘 간직하고 있다. 나로 하여금 이러한 감정을 느끼게 해 준 이는 광서사범대학교 한국어학과 이영남 교수와 흔쾌히 시집을 번역해 준 전금숙 교수이다. 이들과의 인연으로 말미아마 화남 땅에서 사는 나로 하여금 한국에 대한 따뜻한 동질감을 느끼게 되었다. 인류에게는 원래 국경이라는 것이 존재하지 않았었다. 때문에 겉으로는 흩어져 살고 있으나 마음 속 깊은 곳에서는 모든 것들이 서로 통하게 된다. 이러한 소통은 시가나 예술의 형태를 통해 나타나는데, 이 또한 번역이라는 수고로움을 거쳐야 가능한 것이다. 하여, 이 자리를 빌어 시집의 번역에 도움을 준 모든 분들께 고마움을 전하고자 한다.

한국의 출판사인 "시와사람"의 대표이신 강경호님께서 흔쾌히 시집의 출판을 맡아주셨을 뿐만 아니라 시집에 평론까지 써 주셨다. 이 자리를 빌어 강대표님과, 시집이 한국에서 빛을 볼 수 있도록 적극 주선해주신 김대호작가님께 심심한 사의를 표한다. 작은 시집이의 탄생이지만 이를 계기로 한국과 중국의 학자와 문인들이 서로 무릎을 맞대고 생각을 서로 나눌 수 있는 기회가 많아지기를 진심으로 바라며, 서문을 마친다.

2015년 여름

장민 드림

차례

2 아침 느낌 早晨的感觉

3 귀향 还乡

4 사람들 这一群人

1

생명의 형식

생명의 형식 生命的形式

소라처럼
자신의 생명을 껍질 속에 담은 채
바다 속 깊은 곳에 이르고
시끄러운 세상 떠나
새로운 풍경 찾아다닌다
민물과 썰물의 소리 두꺼운 껍질 뒤흔들고
외로운 영혼과 부딪친다
소라는 많은 꿈을 꾼다
여기저기 헤엄치는 작은 물고기 같은 꿈
온 바다를 단번에 담을 듯한 거창한 꿈

숨소리가 고요함 속에 깊이 잠들면
소라는 바다와 함께 있을 것이다
파도가 옛 꿈 실은 껍질을
모래사장으로 밀어낸다
해변을 산책하던 이가 주워서
책상위에 놓아둔다
자기만의 세상을 꾸며줄 것이다

像海螺 / 把自己的生命紧紧攥住 / 沉到海的深处 / 远离喧嚣 / 去看另一种景色 / 潮汐的足音震撼厚实的壳 / 撞击寂寞的灵性 / 叫她做了许多的梦 / 有的很小,像一尾游来游去的小鱼 / 有的很大,可以装得下整个大海 // 一旦脉搏在寂静中长眠 / 她与大海同在 / 浪花把结满旧梦的壳 / 送到沙滩上 / 给赶海的人捡去 / 摆在书桌上 / 装饰她的世界

햇빛 阳光

어두운 밤 밝은 대낮 녹이고
따뜻한 봄 빙하를 녹이듯
밝디밝은 그림자 견강하고 힘있게
습기 찬 공간을 가로지나
어둡고 칙칙한 처마 밑으로 몰려든다

모든 것이 예고하고 찾아든 게 아니다
개구쟁이가 던진 돌처럼
무거운 몸이 얼떨결에 빗겨가듯
늙은 나뭇잎에 쌓인 빗방울이
활짝 핀 꽃의 꽃술 위에 떨어지듯 다가온다

正如黑夜消融了白日 / 春暖解放了冰川 / 光粲粲的影子坚定有力 / 从潮湿的空间穿过 / 又蜂拥到阴暗的屋檐下 // 都并非是可以预告的莅临 / 像是顽童丢过的一块石头 / 沉重的躯体恍惚一闪 / 老树叶上的积雨跟着一阵哆嗦 / 落在盛开的花蕊上

밤 夜

푸름의 깊어짐과
풀잎이 자라는 것은
모두가 황혼이 깊어진 뒤에 이루어진다

깊숙한 무덤 속에서
내 혈관 속의 격정이 들린다
빠져 나갈 길은 전혀 보이지 않는다

그러나 석양의 슬픔은 틀림없는 오해요,
나는 속세의 침대위에 가로 누워
재생하는 이 망령을 조용히 감싸안는다

绿色的扩张 / 和草的延伸 / 都是在被黄昏深埋之后 // 在墓穴的深处 / 我听得见我的血管汹涌澎湃 / 虽然我看不见可供出逃的路径 // 但那落日的哀容必定是我们的误读 / 我横卧凡俗的床榻 / 静卧再生的亡灵

마른 잎 枯叶

긴 겨울을 버텨냈던 마른 잎이
드디어 꿋꿋히 솟아나는 새싹에 밀린다
외마디 신음을 토하며,
공중을 빙빙 돌며,
소슬한 황혼 속에 떨어진다
그리고 다시 축축한 저녁바람의 입에 물려
밀치락 뒤치락
한바탕 놀림세례를 받고나서
요란스레 땅바닥에 내려앉는다

어둠이 조수처럼 빠져나갈 때
긴 빗자루에 쓸려
쓰레기통 속으로 보내질 것이다
그 누가 기억해줄까?
한 때는 무더운 여름날의 더위를 막아줬을 마른 잎을,
한 세월 세월의 흔적이 새겨진 마른 잎을,

挂了一个冬天的叶子 / 终于被固执的新芽挤兑出局 / 叶子哎呀一声 / 打着旋旋 / 飞落在萧杀的黄昏里 / 又被潮湿的晚风叼在嘴上 / 颠来倒去 / 耍弄了一番 / 才轰然倒地 // 等到夜色像潮水般退去 / 长长的扫把会把它收拾起来 / 送进垃圾桶 / 有谁会记得 / 它也曾经遮蔽了一个炎热的夏季? / 她的身上会珍藏一段时光的记忆?

작은 일 一件小事

하늘을 날던 새가
아무도 들어주지 않을 곳에서도
여전히 노래를 부른다

땅 위에 핀 들꽃은
깊은 산 숲 속에서도
향기를 내 뿜으며 활짝 피어 있다

엄마가 나를 낳을 때도
내 생각 따윈 관계치 않고
자기만 좋으면 그만이었다

天上的飞鸟 / 即使在没人倾听的地方 / 依然歌唱 // 地上的野花 / 就算在深山荒野 / 照样芳香 // 我妈生我的时候 / 不必取得我的同意 / 只要她高兴

씨앗 한 톨 一粒种子

꿈에 좋은 일이 많으면
그는 허무하다
착실함을 간절히 바랐기 때문이다

주위가 분주하고 시끌벅적하니
그는 고개 들고 하늘을 쳐다본다
어젯날의 멀리 날던 기러기는 모습을 감췄다

가을 걷이가 끝난 논밭은
쇠보습 날에 뒤집혀 말라간다
이 밭에서 저 밭으로 계속 옮겨간다

好梦做多了 / 它感到虚无 / 渴望脚踏实地 // 周遭繁忙嘈杂 / 它抬头仰望 / 不见昨日大雁远影 // 秋后的稻田 / 在铁犁下翻晒 / 一莊又一莊

겨울날 冬日

정오 무렵, 해가 활짝 솟아
아름답고도 눈부시다
시원한 바람은 호박무늬나무 빗마냥
높은 하늘을 가르며
담황색의 은실을 오리오리 빗어넘긴다

빛은 풀숲과 나뭇가지와 담담하게 정지된 사물위에 떨어진다
바스락거리는 소리 들리지 않는다
하늘과 땅 사이에 우뚝 솟아 요지부동 하는
나마저도 언제나 푸른 교목이 된 것은 아닌가?

눈부신 저 빛은 폭포가 땅에 떨어진 듯 하니
옛날부터 그리 해 왔었던가?
처음부터 올곧게 이처럼 다정스러웠던가?

빛은 생명을 부화하는 일을 대대로 전하며
옛날과 오늘 사이에 풀어야 할 코드를 숨겨놓았는데
바로 이 밝은 빛 속이 아니였던가.

中午时分,太阳透亮 / 妩媚耀眼 / 清凉的风像一把琥珀色的木梳 / 掠过高空 / 梳理着淡黄色的银丝屡屡 // 光,落在草丛里、树枝间和淡淡的静物之上 / 沙沙有声。我们听不到 / 伫立天地间,假装纹丝不动 / 是否我也是一颗常绿的乔木?// 这灿灿的映照,宛如水帘之落地 / 是否亘古如斯? / 是否一如既往,这般亲热? //光孵化了生命,代代替换 / 今昔之间躲藏着一个待解的密码 / 就在这一片光亮里

소원 心愿

나무를 심을 때
마음처럼
비옥함과 척박함을 가리지 않을 수 있을까

비바람 속에서 나무는 성장하고
가을이면 주렁주렁 열매가 열린다
낙엽이 바람 따라 춤 추며 떨어진다

생명은 활활 타는 불과 더불어 종지부를 찍는다
외롭고 추운 밤을 밝게 비춰준다
한 점의 두려움도 없다

种一棵树 / 能否像一颗心 / 不择肥瘠? // 风风雨雨催她拔节 / 金秋硕果 / 落叶迎风起舞 // 生命的尽头是一束熊熊的火 / 照透许多孤寒的黯淡 / 没有畏惧

소생 醒来

깊은 꿈에서 깨어나니
시간에 대한 느낌이 없어졌다
작은 새는 목숨도 길어
어느 공간에서 날개짓을 하고 있다
높은 데서 들리는 그 소리는
노오란 잎이 다 떨어져버린 오동나무같다

기쁨은 모두 어디로 갔는가?
어디로부터 오는 건지
두터운 시끄러움을 뚫고 나와
또 유리벽을 넘는다
반짝반짝 빛 뿌리는 영리함처럼
묵묵히 벽거리시계의 테두리에 걸터앉았다

병에서 일어서니
태양이 떠 올랐다
눈부신 빛이 대지에 가득 깔렸다
그러나
누가 그를 묻었는지?
또 누가 그를 받쳐올렸는지?

하늘을 떠받고 있는 큰 나무와 보잘것없는 풀은
한바탕 놀람과 기쁨으로

계속 빠르게 자란다

大梦醒来 / 我失去了对时间的感觉 / 小鸟的命长 / 在某一个空间颤动 / 那声音站在高处 / 好像是一棵落光了黄叶的泡桐 // 那欢喜呢 / 她来自何方? / 穿透了如此这般厚实的喧嚣 / 又漫过玻璃 / 仿佛一串亮闪闪的灵气 / 挂在木纳的时钟的边框上 // 病愈之后 / 太阳出来了 / 光灿灿的感觉洒满一地 / 可是 / 是谁曾把她埋葬? / 又是谁将她托起? // 参天的绿树和卑微的小草 / 一阵惊喜 / 往上拔节

파종 耕种

도시로 호적을 옮겼다는 것은
많은 것을 잃게 되었음을 말한다
어쩔 수 없는 일이다
그 시절에는 심사숙고하는 법을 몰랐다

시가지와 모집광고들, 그리고 얼굴과 마음들
와인잔에 색깔있는 액체를 가득 붓고
소음 속에서 굳어가는 내 가슴을 더듬어보았다
아직은 부드러운 작은 부분이 남아 있다

단순함은 사적인 짓이다
거리의 파란 색은 이미 계절을 잊었다
아무런 계시도 주지 않는다
나는 스스로 쟁기를 수선했고
곡식을 거두고 씨앗을 준비한다

자유로운 새들의 울음소리를 들을 수 있다면
손바닥 위의 세상은 균열되지 않을 것이다
파종은 위대한 노동이어서
흙내음 실컷 맡을 수 있으며,
땀 흘린 보람을 느끼게 한다

入了城市的户籍 / 就意味着放弃许多 / 这是没有办法的事儿 / 那时候你还没有学会深思熟虑 // 街道 招聘 脸孔和心肠 / 高脚杯里装满彩色的液体 / 在噪声中日见板结 我抚摸自己的 / 胸膛 还有一小块柔软的洼地 // 纯粹是私人的事情 / 街边的绿色忘了季节 / 它不会给你任何启示 / 我得自己修梨耙 / 收摧田地 预备种子 // 只要还能听到自由的鸟鸣 / 这掌上的世界就不会龟裂 / 耕种是一桩伟大的劳作 / 你可以分享到泥土的魅力 / 品尝汗水的滋味

만약 如是

나무라면 시원한 그늘을 만들고 싶고
풀이라면 느슨해진 흙을 꽉 잡아주고 싶다

남쪽에서
너는 한 그루의 계수나무가 된다
지혜를 갖춘 너는
꽃 필 때의 향기를 둥근 달에 봉헌한다

공기가 너무 건조해서 꽃이 필 계절을 놓쳐도
절대 널 탓하지 않는다

是大树就遮出一片荫凉 / 是小草就抱紧松散的黄泥 // 在南方 / 你是一株桂树 / 有一点儿灵性 / 该开出花的幽香献给圆月 // 如果空气过于干燥推迟了花季 / 不怪你

봄 春

스산한 비구름이
산 허리를 감돈다
만질 순 없어도
감각으로 느껴진다

주글주글해진 논두렁은
초록빛으로 차 있다
소태나무 노란 싹이
늦겨울의 마른 잎을 밀어낸다

동구밖으로 통한 길은
구질구질하고 질척하다
나그네살이 하는 발에게는
좋은 시절 놓치지 말라 일러준다

손바닥에 물방울이 고일 정도로 습한 날씨다
도처에 봄의 희망이 스며든다
온 세상은 흐릿하고 혼돈 속이다
그것은 봄의 생생한 꿈이다

凉丝丝的雨雾 / 迷漫山腰 / 你摸不着 / 只能感觉 // 皱巴巴的田埂 / 泛动绿意 / 苦楝树上的黄芽 / 挤搡残冬的枯叶 // 串通村外的路经 / 稀巴泥泞 / 告诉流浪的脚足 / 莫误大好光阴 // 这是可以捏得出水滴的日子 / 到处渗透着她的渴望 / 天地间朦胧浑沌 / 那是她的梦 呼之欲出

들풀의 운명 草的命

들풀은 아무렇게나 잘 자란다
햇빛과 빗물만 있으면
척박하던 비옥하던 가리지 않고
쑥쑥 잘 자란다

소들은 들풀을 먹고 산다
사람들은 풀을 베어 땔감으로 삼고, 곡식을 익혀먹는다
불은 온역의 신 마냥
붉은 혀를 날름댄다
악마의 소굴에서 막 나온 것 같다

베임을 당하고
잘려나가고
불에 태워지지만
산 속 어디서도 울음소리 들을 수 없다
탁탁 마디가 타는 소리는
유일한 천둥소리
굴복한 적도 없고
절망하지도 않았다
겨울이 지나면 봄이 다가온다
황량했던 언덕에는
파란 들풀이 여전하다

草的命很贱 / 有阳光和雨水 / 便不择肥瘠 / 哗啦啦地长 // 牛吃它 赖以生存 / 人割它 烧熟五谷 / 火 像瘟神 / 红红的舌 / 仿佛从魔窟里窜出 // 被刈 / 被砍 / 被烧 / 满山听不见哭喊 / 只有骨节噼叭 / 是唯一的天籁 / 可曾有些屈服? / 可曾有些绝望? / 东去天暖 / 荒凉一时的土坡 / 绿色微笑故我

낟알 谷子

낟알 한 톨이 벼 줄기에 매달려 있다
비바람과 햇빛을 맞는다
또 다시 비바람과 햇빛의 세례를 받는다
어느날, 더 이상
이렇게 매달리고만 있을 수 없다고 느낄 때
고개 숙이고 깊은 생각에 빠진다
마음에 결정이 내려지면 목적을 위해
벼 줄기에서 떨어진다
새로운 윤회가 시작될 것이다

만약 땅에 떨어지지 않고
누군가에 수확되어 탈곡장에 옮겨지면
처지는 확 달라질 것이다
껍질에서 떨어질 때까지 두드리고
겨를 날려보내며
바짝 마르도록 햇빛에 말린다
그리고
빻아서 껍질이 갈라지고
비벼서 껍질이 벗겨지며
최후로 분말이 되도록 맷돌에 찧는다
요리하는 데 편하게 만들어질 것이다

낟알 한 톨이 땅에 떨어지지 않으면 이런 과정을 거친다
그렇게 생명은 인위적으로 살 수 없게 된다. 이 낟알 한 톨처럼

一粒谷子挂在禾秧上, / 风吹,日晒,雨水淋, / 又雨淋,风吹,太阳晒。 / 有一天,当它感到 / 自己再也不能这样高高挂起了, / 它会低头沉思; / 当它拿定了主意,它会认准一个地方, / 咔嚓一声落下来, / 一个再生的轮回也就开始了。// 如果这一粒谷子没有落地, / 它被人收割了,拉回到晒场上, / 它的遭遇就大不相同了。 / 拍打之,使之脱落; / 飞扬之,使之分别; / 曝晒之,使之干脆; / 而后, / 承蒙舂击而脱壳; / 承蒙搓揉而去皮; / 最后,又被放在石头之间碾碎,直到柔软细致变成粉齑, / 合乎人的配料、饮食。 // 一粒谷子,如果不落地,它就得经历这样的过程; / 一个生命,如果被叫做人,他就无法自生自灭,就像这样一粒谷子。

일렬로 늘어선 나무 那一排大树

여기저기서 벌목하는 소리 들려오지만
끙끙대는 신음을 아무도 듣지 못하는 것 같다
침묵과 성실함, 그리고
당당함 때문에 사람들은 나무의 생각을 듣지 못한다
누군가 '자르라'는 신호만 보내면 나무는 넘어간다

그들의 함성 때문에 자주 악몽에서 깬다
원예사가 아니기에 이 곳에서 나는
왔다갔다 하는 나그네였다 원예사처럼
당당하게 뛰어가
강철 같은 손으로 도끼를 막지 못했다

부활술을 아는 무당은 생계를 유지할 방법이 없어
세상을 떠나버렸다. 그들은 부드러운 두 팔로
흙과 나무와 다른 생명들을 한데 모은다
모닥불에 옆에 둘러서서 노래부르며 춤 춘다
그들은 아무런 유언도 남기지 않았다
그들의 노랫소리는 불꽃에 모두 타버렸다

到处是砍伐的喝彩 / 吱吱呀呀的呻吟似乎没有人听见 / 或许是因为她的笃诚和沉默　而且 / 还有伟岸　人们是不必征求她的意见的 / 只要有人说一声"砍掉她"她就倒下了 // 噩梦醒来　常常是因为她的哭喊 / 可我不是园丁　对于这片土地 / 我也是一个匆匆的过客　不能像园丁一样 / 理直气壮直奔过去 / 用铁掌抵挡斧头 // 那些会还魂的巫师呢：因为混不到饭吃 / 他们早就死绝了　他们曾经用温柔的双臂 / 将泥土　树木和其他生命拉到一块 / 围在篝火旁边　又唱又跳 / 他们没有留下什么遗嘱 / 他们的歌声已被火苗焚烧

관계 关系

한 뙈기 흙을 골라 뿌리를 내리기로 했다
가슴에 찬 희망은 실을 토하는 누에와도 같이
아래에서 위로
그리고 가운데로 성장한다
한 뙈기 또 한 뙈기 그리고 울창한 숲
새들은 거기에 보금자리를 만들고
후대를 번식한다
그들이 지저귀는 소리가 맑고 시원하다

비바람도 드디어 돌아가야 할 곳을 찾아
햇빛과 함께 손을 내민다
관계를 따라
땅을 단단히 껴안고 있다

选定一抔泥土,你不走了 / 满腔愿望象吐丝的蚕将 / 往下　往上 / 往中间生长 / 一簇一簇　郁郁葱葱 / 鸟儿结巢其中 / 繁衍生息 / 它们的歌声又脆又爽 // 风和雨也有了归宿 / 跟阳光一样伸过手来 / 听从你的引导 / 与大地紧紧地拥抱在一起

빗속의 등불 雨灯

그것은 발열이 가능한 내 자신이다
많은 생각으로 나는 잠들지 못한다
나는 그를 전봇대 꼭대기에 높이 걸었다
빗물이 그를 씻어내린다

삼월의 보슬비는 마음을 적셔주는 노래가 된다
유행은 벌써 지났다
밤비는 저녁에만 조용히 내리고 싶어 찾아왔다
참 마음에 든다

那是我会发热的自己 / 过多的思绪使我失眠 / 我把她高挂电杆 / 让雨水冲洗冲洗 // 三月的小雨是一首清甜的歌 / 现在已不流行 / 夜雨是想在晚上宁静片刻 / 正合我意

새끼양 羔羊

내 피가 털보다 깨끗하다고
도살용 칼이 나에게 알려줬다
칼을 가는 휙휙거리는 소리가 훌쩍이며
저녁 내내 울고 있다
낮은 담장 옆에 황금색 석양이 가득 차 있다

내 털은 내 피보다 깨끗하다
주인은 파이프로 담배를 뻑뻑 빤다
두 눈에는 부드러움과 광택이 흐른다
묘지에 드리운 달빛과
이른 봄 옥상에서 녹아내린 눈 같다

축사는 낮게 지어져
단숨에 넘어갈 수 있다
엄마 찾아 뒷산 숲속으로 들어갈 수 있다
하지만 내 피는 털보다 깨끗하다
새끼양은 두 눈을 감는다

흐리터분한 하늘이 바람주머니를 거두며
그 누가 빠져나갈 수 있을까?
시간이 되었다
날카로운 칼과 피 그리고 살
각자 제 갈 길 간다

내 털은 피보다 깨끗하다
칼이 눈물을 다 흘린 뒤
새끼양을 품에 안는다
기쁨의 피가 주인이 실룩이는 얼굴에 뿜어지고
발 아래 더러운 땅을 붉게 물들인다

我的血比我的毛干净 / 这是屠刀告诉我的 / 霍霍的磨刀声抽泣着 / 哭了整整一个傍晚 / 矮墙边挤满了金色的残阳 // 我的毛比我的血干净 / 主人吧嗒着烟斗 / 双眼里流淌着温柔的光泽 / 像墓地上漂浮的月光 / 和初春时屋顶上融化的雪水 // 棚栏很低 / 我可以一跃而过 / 到后山林子里去找我的母亲 / 可是　我的血比我的毛干净 / 我闭上了眼睛 // 阴霾的天空收束起风兜时 / 有谁可以脱漏的? / 时间已到 / 利刃和血肉 / 各人要上各人的路 // 我的毛比我的血干净 / 等屠刀流干了泪水 / 我要轻轻把它拥在怀里 / 欢喜的血滴喷在主人抽搐的脸上 / 染红脚下肮脏的土地

축축한 나무 潮湿的木头

도끼와 둔기는 정정당당하게
이곳에 있다
하수인은 없다 벌목꾼의 얼굴도 잊은 지 오래다
축축한 습기와 곰팡이 냄새 속에서
다 썩어 버릴 그 날만을 기다리고 있었다

그러나 숯불은
깊숙이 숨어 있던 숯불은 어떤 손에 의해
밝혀졌다
늦가을이 지나고
썩은 것이 부쩍 많아진 가운데
그의 등장은 자기 능력을 초월한 것이었다
그러나 나무는
축축한 나무는 마치 호각 소리라도 들은 듯
먼지 쌓인 구석에서 굴러와
그 붉은 숯불에 다가가려 한다

아무도 마트의 나무에 신경 쓰지 않는다
교외의 숲은 표정이 엄숙하다
희뿌연 장맛비 속에
세상의 우뚝 솟은 모습을 거절할 길이 없다
무슨 상관이란 말인가?

숯불의 따스함에는 적막함과 냉냉함이 흐른다
숭고함과 장대함은 없다

나무!
나무!
그 나무!
축축한 나무가
근본과 꿈을 기억하고 있다
나무는 숯불에 다가가려 한다
재생을 위한 무덤으로 다가가려 한다

斧头和钝器是正当的 / 在这个地方 / 没有刽子手、木头早已记不清砍伐者的面孔 / 在阴湿的霉气中 / 她等待着自己腐朽的末日 // 但是 炭火 / 很藏不漏的炭火被一只手 / 拨亮了 / 深秋之后 / 腐败丛生 / 它的出现有点不自量力 / 但是 木头 / 潮湿的木头象是听到了号角 / 她要从积尘的角落里滚出来 / 她要向那鲜红的炭火靠近 // 没有人理会一根超市的木头 / 郊外的林子表情严肃 / 淫雨的迷蒙中 / 尘世的巍峨无可拒绝 / 那又有什么关系呢? / 炭火的温暖里没有枯寂冷漠 / 或者高大与伟岸 // 木头! / 那根木头! / 那根潮湿的木头 / 她记起了自己的本色与梦想 / 她努力向炭火靠近 / 向再生的坟场靠近

2

아침느낌

아침 느낌 早晨的感觉

오늘은
어제 밤 비에 씻겼고
밝고 깨끗한 햇살은
나무들을 눈부시게 비춰준다
잔디는 푸르죽죽하고
땅은 다져져서
온 세상은 무엇인가 생육이라도 할 것 같다

오늘은 휴일 아침
나무그늘 밑에서 탁구도 하고
운동장에서 베드민턴도 한다
삼삼오오 젊은이들
간편한 배낭을 메고 교문 쪽으로 간다
이들은 교외로 나갈 것이다
거기에는 자기들처럼 생명력 넘치는 푸른 색이 있고
따스하고 유유자적한 햇빛이 있다

이런 날은 자신을 녹이고 싶다
살랑살랑 부는 바람은
순진한 듯 입술을 내밀고
나를 깃털마냥 날리고 싶어 한다
고개 들어 역광으로 바라보면

——세계는 다 녹아있다
눈 앞에는 행복한 울렁증만 차 있다

누추한 집에는
유리창을 뚫고 들어온 햇빛이
방 한 가득 넘쳤다
나는 눈을 감고
가만히 침대에 누워보았다
먼 하늘의 태양이
슬슬 구름 귀퉁이를 스치며
떠오르는 소리가 들린다
또 황금빛 태양빛이
길에도, 산기슭에도, 관목숲에도 내려앉아
아름답게 핀 들꽃의 그윽한 향기와
뻐꾸기의 즐거운 노랫소리와
목동의 휘파람 소리와 화음을 맞추는 소리도 들린다

这一天 / 是给昨晚的雨水洗刷过的 / 阳光明亮清纯 / 照得满树眨眼 / 草坪暗绿 / 地面凝重 / 这个世界像在孕育着什么 // 这是一个假日的早晨 / 树荫下有人在拍玩乒乓球 / 操场上有人在打羽毛球 / 三三两两的年轻人 / 拎着简便背包往校门口走 / 他们冲郊外去 / 那里有跟他们一样生机盎然的绿色 / 和甜蜜散逸的阳光 // 我希望这样的日子将我溶化让微微的风 / 噘起纯情的嘴 / 把我像羽毛般吹走 / 仰头逆光望去 / ——世界消融了 / 眼前一片幸福的晕眩 // 缩回自己的蜗居 / 看见光渗过玻璃窗 / 溢满我的房间 / 我闭了眼 / 轻轻歪倒床上 / 又听见天边的太阳 / 嗞嗞擦着白云的边角 / 渐渐上升 / 又听见金黄色的光撒落 / 路边,山脚,灌木丛中 / 野花点点吐艳 幽幽清香 / 掺入布谷鸟的欢鸣声 / 和在牧童的唿哨里

석양 夕阳

색깔이 짙어가는지, 연해지는지 알길 없다
회백색에서 칠흑으로 변했다
빛은 투명한 손이 있어
　　　능히 검은 돌과 하얀 모래를 밀어낸다
서로를 닮아가며 천천히 바뀐다

모든 것이 움직이며
소리를 내고 있다
너는 서서히 시야에서 멀어졌다
낡아빠진 힘 없는 벽시계처럼 멈췄다
승리의 정상에 올라선 뒤
침묵을 지키며
냉정히 서쪽 하늘을 바라본다

我看不出这颜色是在加深还是在摊薄 / 由苍白而漆黑 / 光 有一只隐形的手掌 / 推开乌石与白沙 / 相互模仿 慢慢转化 // 一切都在动 /
　　在响 / 你把视觉掐灭了 / 就像那只耗尽了力气的挂钟 / 爬到胜利的巅峰之后 / 保持沉默 / 冷眼西望

무제 无题

대낮에는
나무 그늘에 있다
햇빛이 떨어지는 소리를 듣는다
밤에는
단정히 숲 속에 앉아 있는다
비몽사몽 헤매는 벌레가 잠꼬대 한다

때로는 길거리에 서서
쓸 데 없는 생각에 잠긴다
깃털이 다 빠진 솔개마냥
날아다닌다

白日里 / 立在树荫下 / 听阳光落地有声 / 黑夜里 / 端坐到草丛根里去 / 和半梦半醒的小虫吱吱呓语 // 有时伫立街头 / 胡思乱想 / 恰像一只没羽的秃鹫 / 飞舞

달빛 月光

투명한 창문 마냥
달빛은 외로운 벽에 붙는다
가볍고 또 충만한 영리함처럼
달빛은 내 판자침대에 가득 쏟아진다
높이 뜬 달은 오랜 세월을 지내왔을 것이다
하지만 땅 위의 변천은
끊임없이 순환되어 똑똑하게 셀 수 있을 것이다
세상을 떠난 내 선조들 마냥
이들은 자기 발 밑의 길을 잘 알아본다
허나 생일과 기일은 알지 못한다
달빛은 항상 눈에 선하다
많은 곳들을 밝게 비춰주고 있다
반짝이는 논밭과 시냇물
낡은 문 둔데, 기와와 축축한 안개
그리고 밭에서 자라는 작물들

벼와 보리이삭들이
낮에는 고개를 높이 쳐들고
달빛 아래에서는 무거운 머리를 늘어뜨린다
달빛과 함께 하는 이 밤은
온 세상이 평온해지는 듯 하다
달빛이 내린 이 밤

어둠 속에 숨어 있던 생명들이
자신에게 속한 넓은 무대를 찾은 듯 하다
풀 뿌리 밑에 있는 작은 벌레 소리
담 모퉁이에 있는 작은 귀뚜라미 소리
그들의 소리는 너무나 자신있고 힘에 넘친다

像透明的花窗 / 月亮贴在孤独的墙上 / 像轻盈弥漫的灵气 / 月光灌满了我的木板床啦 / 月光高悬 不知多少个日月了 / 但地上的沧桑 / 似乎周而复始 清晰可数 / 一如我那些死去的先人 / 他们看得见自己脚下的路 / 却看不见自己的生辰和忌日 / 月光却始终历历在目 / 月光照亮了多少地方啊 / 那些熠熠闪光的水田 小河 / 那些破旧的门墩 瓦片和潮湿的氤气 / 地里的庄稼 // 那些谷子和麦穗 / 白天里挺拔高昂 / 月光下它们地垂下凝重的果实 / 有月光陪伴的夜晚 / 世界总会宁静些 / 有月光莅临的夜晚 / 隐秘在幽暗处的生命似乎找到了 / 属于自己的从容的舞台 / 听那草根下的小虫子 / 听那墙角边的小蟋蟀 /
他们的声音多么的自信 有力量

만물의 시초 万物之始

어느 아침의 언덕에서 9시 15분이면
햇살과 들풀이 함께
깨어났다
겨울 아침이다
얼어 붙은 것들은 유난히 견고했다
발걸음 소리가 점점 가까워진다
아직 허리를 굽히지 않았고
소리도 이곳에 있다
그러나 메아리는 없다
무성하게 자랄 수 있는 이 계절에
가지와 줄기와 뿌리는
묵묵히 그리고 자유롭게 뻗었다
부드럽지만 그 어떤 여지도 두지 않는다
어둠과 함께
까만 밤의 밑바닥으로 떨어지면
성장하는 엄청난 소리가
거센 파도마냥
들쭉날쭉한 바위에 가까워진다
산과 바다를 뒤집을듯한 기세에
나는 경이로움마저 느낀다
낮에 대한 생각이 바뀌었다
어둠에 더 큰 관심을 가진다

내 눈으로 투명함의 재미를 느낀다

早晨的山坡上,九点一刻 / 阳光和野草一块 / 醒来 / 那是冬天的一个早晨 / 被冻结的东西异常坚硬 / 脚步声这时候走过来了 / 它还没有弯下腰 / 它的声音在这里 / 没有回响 / 在这个属于它们旺盛的季节 / 它们的枝叶 脉络和根须 / 默默地自如的伸展着 / 温柔却毫无商量可言 / 如果你跟着夜色一块滑落到 / 黑夜的底部 / 你能看到那生长的喧嚣 / 如汹涌的浪潮 / 逼向嶙峋的海岸 / 排山倒海 / 我感到有些错愕 / 我改变了白天的看法 / 我跟黑色对上了眼 / 我尝到了她透明的滋味 / 用我的眼睛

새 소리를 들었다 我听到了鸟叫

나무로 연결된 긴 아치문 같은 길 옆에
열대 식물이 양쪽으로 서 있다
서로 손 잡고 있는 그들은
시원한 공간을 엮어준다
사람들에게 인사하며 가운데로 지나라고 한다
묘한 빛 줄기와도 같이
소금이 물에 녹은 것처럼 빠르고 또 가볍게
시간과 공간을 희미하게 한다
물체와 사물에 투영된 흔적들
그리고 녹이 쓸어 얼룩덜룩해진 빛과 그림자들
줄곧 이런 생각을 해 봤다
도대체 무엇이 이것과 그것을 잡아주는지
마치 그 백년의 약속이
네 앞에선
눈 깜짝하는 순간에 지나지 않는다
화려한 세월을 맞은 생활은
조심스러울 수 밖에 없을 것 같다
찬란하고 아름다운 거품도
함부로 쉽게 써서는 안 된다
너는 숲속의 원칙을 지켜
어린 군인의 발걸음처럼
불안한 마음으로 또 신중한 웅심을 품으며

착실하게 포복정진 한다

仿佛是一道漫长的绿荫拱门 / 热带植物站在两旁 / 它们手拉着手 / 遮出一串清凉 / 招呼人们从中走过 / 它是一束奇妙的光 / 象盐之溶于水中 迅捷与轻巧地 / 淡化了时间以及时间 / 投影在物体与事物上的痕迹 / 那些个锈迹斑斑的光与阴啊 / 我一直在想 / 是什么东西把这些东西跟那些东西 / 锁定了 仿佛那一百年的承诺 / 论到你 / 只是弹指的功夫生活 即便在这样奢华的年代 / 似乎也不能不心翼翼 / 即便是一些烂漫的泡沫 / 也不是能随意挥霍的 / 你还得守住丛林的规则 / 以幼师的步伐 / 严谨 忐忑而又富有雄心 / 脚踏实地 匍匐潜行

북방의 봉의 꼬리 풀 北方的凤尾草

닫혀 있는 유리창 사이 두고
나를 불렀으나
잘 들리지 않았다

밤이면 깊은 잠에 빠져
깨나면 아무것도 모른다
아마도 천장에 사는 큰 거미가 먹었을 거다

붉은 풀이 나를 소리쳐 부르는 소리를 기억한다
추석날 빨갛게 부어오른 외눈이 아픈 이유를
잘 알겠다

밖에 나가지지 않는 것이 낫다고 생각했다
문은 벌써 얼어서 열리지 않는다
아름답게 보이는 거리는
이미 말라버린 강에 불과했다

隔了关死的玻璃 / 你喊我 / 我听不清 // 晚上我总睡得很死 / 醒来什么也没看到 / 一定是天花板上的大蜘蛛吃掉了 // 红艳艳的叫我狂叫记得吧 / 就是八月十五的独目红肿难受 / 心里明了 // 我想我最好不要出门 / 我的家门已给冰封 / 漂亮的大街呵 / 是一条干枯的河

어떤 가을 这样的秋天

비단결 같은 햇살
얇은 손수건 같은 바람
깨끗하고 넓은 시간과 공간 속에
목수가 나무 그늘 밑에서 톱질을 한다
--카---슬---
--카---슬---
누가 이런 순간에 죽음을 택했을까?
세월은 흩날리고
황금빛 낙엽 속에
은거하여 질식해간다
행복한 사람이다
제정신인 사람은 외로움을 참아야 한다
무거운 갑옷을 걸치고
보릿고개를 헤매며
굶주림을 참는다

阳光似锦 / 风似薄绢 / 时空纯净辽阔 / 有木匠在树荫下拉据 / 一咔一嘶一 / 一咔一嘶一 / 是谁选择了在这样的时辰死去? / 日子飘散 / 落叶金黄 / 息影其中 / 这个人有福了 / 那清醒者是孤单的 / 他身负重甲 / 徘徊在青黄不接的季节里 / 忍受着饥饿的滋味

매미 蟬

빛과 그림자 뒤에 있던 손이
어느 순간을 한 조각의 종이에 도장을 찍었다.
세월 속에서
무엇을 얻고자 하는지?
어제와 오늘
그 사이에는 어떤 틈도 없다
인생살이란 실은
자잘한 빛의 반점으로 이루어진 것일지도 모른다
순간순간의 반짝임에 아무도 관심이 없다
가을 숲 속의 빛과 그림자가 어지럽게 어우러진 것처럼
숲은 베임을 당하고
모든 것이 흔적 없이 사라졌다
육체는 무겁다
그 밑에 받침대가 없다면
무거울 수 밖에 없다
때문에 무거운 짐을 지듯이
숨이 차 헐떡일 때도 많다
만약 삶이 밖으로 뻗은 가지라면
평범한 나뭇잎이나 빛나는 열매라면
결과는 많이 달라질 것이다
시들고, 떨어지고, 썩어질 때까지
더는 외롭지 않을 것이다

항상 착실하고 진지하게 별이 총총한 하늘을 바라볼 것이다.

在光与影的背后有一只手 / 在某个时刻的情形烙印在一枚纸片上 / 在这岁月中间 / 你能打捞起什么呢? / 昨天和今天 / 其中没有间隔 / 人的一生说到底 / 也许只是一些零碎的光斑 / 没有人会在意那一瞬间一瞬间的闪耀 / 象一片树林在秋日里洒落的碎影 / 后来树林被砍到了 / 一切无从寻觅 / 肉体是沉重的 / 如果肉体的底部没有什么东西将它托起 / 它就是沉重的 / 常常你还会因此气喘吁吁 / 如负重荷 / 想一想,如果你的一生只是一根延伸的枝桠 / 一片平凡的叶子 或者是一只荣耀的果子 / 情况将很不一样 / 干枯、陨落乃至慢慢腐烂 / 你都不会变得寂寞 / 你一样脚踏实地 仰望星空

구아바가 익었다 番石榴熟了

구아바가 익었다
달콤함이 나뭇가지에서 떨어져
벼이삭을 스치고, 논 물 위에 떨어진다
열매가 가지에 주렁주렁 매달렸다.
줄기는 굵고도 매끄럽다
담대하고도 자신감 넘치는 열매는
눈매가 형형하여, 개구쟁이들과 눈싸움 한다
높은 가지에는 올라갈 수 없어
아이들은 침을 삼키며, 유감스러운 표정을 짓는다

구아바 열매는 높은 곳에 매달려 있다
눈빛은 먼 곳을 향한다
흙 기와로 된 지붕도 넘는다
고개 숙이는 순간, 막 피어나려는 어린 모습을 본다
눈을 감는 순간, 자신의 미래를 읽는다
세월이 남긴 아름다운 모습은 속임수 뛰어난 사상가마냥
구야바 열매를 야금야금 축내고 있다

구아바가 익을 무렵
따는 사람이 없다
별이 반짝이는 밤하늘 아래
벼이삭이 코를 고는 소리가 여기저기 들린다

외로움 속에서 상심하는
구야바가 홀로 탄식하며 사뿐히 떨어진다
선녀가 내려오듯
향기로 넘치던 과육은 곧 썩을 것이고
흙탕물과 진흙을 만나면
함께 과거와 미래를 찾아갈 것이다

番石榴熟了 / 番石榴的香甜从树杈上滑落下来 / 砸在稻穗的脸上,又跌落在水田里 / 番石榴的果实挂满枝头,树干粗大溜光 / 番石榴的果实大胆又自信 / 她目光炯炯,她敢于跟野孩子们对视 / 野孩子们手脚攀不上那些高枝 / 他们咽下口水,一脸的无奈 // 番石榴的身腰挂在高高的枝头上 / 她的目光望得很远 / 她的目光越过泥瓦的屋顶 / 她低下头时,她看得见自己含苞待放的幼稚 / 她闭上双眼,她看得到自己的未来 / 她看见那时光的倩影如同骗术高明的思想家 / 一点一点要把她的躯干镂食掏空 // 番石榴熟了的时候 / 无人采摘 / 璀璨的星空之下 / 稻穗们鼾声四起 / 寂寞里,逡巡徘回 / 她感叹一声,飘然落地 / 像仙女下凡 / 她飘香的躯体会迅速腐朽 / 并且,她还会约上那些浊水淤泥 / 一起去找寻自己的前生后世

해와 밤 太阳与夜

두 볼이 가무잡잡해 졌다
이마도 가무잡잡해 졌다
드러난 두 팔도 가무잡잡해 졌다

밭에서 농사 지을때 입었던 땀받이가
어깨에 그대로 무늬를 새겼다
아내가 내 어깨를 두드리며
아름다운 비단끈이라고 격려한다

눈도 처음에는 노란색이었다
막 떠오르는 해과 같은 색이었다
하지만 지금은 까매졌다

쏟아지는 햇살에 말라서
산 뒤에 내려앉은 뒤
대낮을 더 짙게 만든다

눈에 보인다고 진짜가 아니다
눈을 감고
나는 해빛 넘치는 시냇물 가에서
시를 읽는다

面颊黑了 / 额头黑了 / 露出的胳膊也黑了 // 下地种田时套了背心 / 印了对白带挂在肩上 / 老婆拍拍我的肩膀 / 说是美丽的绶带 // 眼睛先前也是黄色的 / 跟初升的太阳一样 / 现在也黑了 // 太阳之瀑干了 / 沉没山后 / 浓了白昼 // 看到的不算数 / 闭上眼 / 我在太阳的溪流边 / 读她的诗

미인초 美人蕉

말을 듣기도, 목소리 듣기도 두렵다
콘크리트도 뚫을 만한 신비한 힘이 있다
거리의 건물도 무너뜨리고 수많은 간판들도
땅 속 깊이 묻어버린다 다만 그의 친구들
들꽃과 잡초와 하늘을 나는 새들만 재난을 피해간다

미인초의 눈빛은 부드럽고 편하다
나는 피하려 하지만 결국 잡히고 말 것이다
사뿐히 물속으로 누른다 미장이가 작업하듯
진흙을 물속에 던지면 더는 찾을 수도 만질 수도 없다
그 어떤 형상도 존엄도 없을 것이다

다행히 미인초는 연민의 마음을 잘 감춘다
거대한 언사는 하늘의 별들 속에 희석되고
우아한 야경은 이끼의 은유를
세상에 만연한다

我害怕听见她的言语　她的声音 / 魔力无比　能穿透钢筋水泥 / 街道的楼房会因此坍塌　满目招牌 / 被深埋地下　唯有她的朋友 / 那些野花　杂草和会飞的鸟可以幸免 // 她的目光柔和　宁静 / 也是我努力逃避的　她会把我骗到手里 / 又轻轻把我摁在水中　就像泥瓦匠 / 将泥巴扔到水中　你再也找不到 / 也摸不到你自己的形象与尊严了 // 好在她把她的怜悯深藏于 / 巨型的言词被天上的繁星稀释 / 绰约的夜色蔓长起 / 苔藓的隐喻

3

귀향

귀향 还乡

세상을 방랑하던 그날부터
집을 손보지 않았다
집 지키던 개도 새 주인 찾아 떠나고
마당은 황량하게 변했다

마을 아이들은 벌써 어른이 되어
새로 지은 양옥마냥
오기로 가득차
아무말도 하지 않는다

낡은 초가는 할배 할매처럼
눈은 침침해지고
이도 다 빠져 합죽이가 되어 나를 알아보지 못한다

自从我去流浪 / 这个家已经失修 / 看门狗另觅了主人 / 院子里挤满了荒凉 // 村里的小孩长成了大人 / 像新盖的洋房 / 傲气十足 / 不言不语 // 老茅屋们像老爷爷和老奶奶 / 老眼昏花 / 崩牙瘪嘴辨不出我的样

시골 기억 乡村记忆

참새 떼가 지저귀며 하늘을 나는데
물새들은 다 익은 논밭에서 깊은 잠에 빠졌다
하늘은 뚫어질 듯 푸르고
흰 구름이 한쪽을 차지하면
그 때부터 하늘은 기러기 차례가 된다
기러기는 하늘과 땅 사이의 주인
따뜻함과 차가움 사이에
화해의 메시지를 전달한다.

그 시절, 나는 철부지였다. 한 여름 밤
여기저기 반딧불을 쫓아다녔다
그것은 빛의 함정이었다
사람들이 피곤하도록 쫓아다니게 한다
문턱 옆 못에는 물이 가득 찼다
돗자리 펴고
할머니는 부들부채로 별을 따서
곤히 잠든 우리의 베개맡에 놓아주었다

成群的麻雀吆喝五从里垌上空飞过 / 还有水鸟,她们正在熟透的稻田里
/ 酣睡。天空的颜色蔚蓝近乎透明 / 白云舒展拉开一角,大雁就登场了
/ 她是主角。在苍穹与泥土之间 / 在温暖与寒冷之间,她传递着
和解的信息 // 那时候,我年幼无知。在仲夏之夜 / 满地乱跑,追逐萤火
/ 那是光明的陷阱 / 让人徒劳奔波劳累 / 门槛边上的池塘灌满了水
凉席铺开 / 奶奶的蒲葵扇会打落一些星星 / 放在我们梦中的枕头边上

유년의 추억 儿时的记忆

지쳐버린 석양이
민둥산 뒤로 흔들흔들 떨어지려 한다
둥지로 돌아온 새가 이를 보고
큰일이라도 난 듯
숲 속에서 울어댄다

하늘은 점점 어두워진다
흰 색과 검은 색이 서로 엉켜서
산기슭 촌락을 둘러싸고
경계마저 희미해졌다

딴 눈을 판 잠간 새에
등불이
동쪽에서, 그리고 서쪽에서 빛나기 시작한다
서로 경쟁이라도 하듯
하늘의 별 마냥
어둠 속에서 떠오르기 시작한다

삼삼오오 몰려든 개구쟁이들이 떠들어대며
마을 어귀에서 달려올 때
밤 풍경이 모습을 드러내기 시작한다
조수마냥 밀려오는 개구리 울음소리가

언젠가 물가에서 본 잔잔한 물결을 연상케 한다

어둡고 넓은 하늘에
달은 우아한 모습을 드러낸다
꿈 속에서 그리던 누나의 모습이다
아름다운 얼굴
부드러운 눈빛

疲惫的红日 / 望光秃秃的山头摇摇欲坠 / 归鸟看出端倪 / 叫声不好 / 在树林里鼓噪 // 天色越搅越浓 / 黑与白掺杂揉和 / 盘绕山脚的村舍 / 模糊了界线 // 在你不留神的那当儿 / 灯 / 东一盏西一盏 / 呼应似地 / 和天上的星星一道 / 从暮色中浮起 // 当三五成群的顽童吵吵嚷嚷 / 从村头跑过来的时候 / 夜色已经澄清 / 如潮的蛙声 / 如某次在塘堰边看见的涟漪 // 幽黑广袤的苍穹里 / 唯见月亮款款飘逸 / 那是我梦中的姐姐 / 姣好的面庞 / 柔和的眼

할아버지와 손자 爷爷和孙子

우리 할아버지는 멋지다
시를 읊을 줄 알고
술을 잘 마시며
온 얼굴에 다박나룻이 무성하여
단아했던 할머니 마음을 사로 잡았다
그러나 나는 추하다
일기 쓰는 게 두렵고
취해 버려 길거리에 쓰러질 용기조차 없다

我的爷爷很美 / 会吟诗 / 能饮酒 / 满脸胡茬 / 令我娇小的奶奶倾倒 / 可我很丑 / 怕写日记 / 甚至不敢醉倒街头

할아버지와 손자 爷爷和孙子

황혼이 저물어 갈 때면
아무 소리도 없이
반쪽 하늘을 빨갛게 물들였고
바다 전체가 붉게 변했다
호기심 많은 아이는 이를 보고
깨달음의 표정을 지었다

밤은 평온한 요람처럼
흔들리고 또 흔들려
사람들이 꿈나라로 들어가게 했다
폭풍우가 쏟아지며
밤 하늘과 마을을 부수고
번갯불은 당황해진 눈을 환하게 비췄다

夕阳西沉 / 无声无息 / 红了半边天空 / 红了整个大海 / 好奇的孩子看见了 / 一脸的恍然 // 夜色是平静的摇篮 / 摇啊摇 / 人们坠落梦乡 / 等暴风雨炸烂 / 夜空和村庄 / 电光扯亮许多恐慌的眼

황량함 荒凉

야산과
풀 덮힌 언덕은
그다지 황량하게 느껴지지 않는다
태고적 부터 남아 있는 고요함을 태우는 것이
한 묶음의 기도하며 올리는 향이며
희망과 기대에 찬 빛이다

비바람의 세례를 받아
서까래는 다 썩고
긴 세월이 흘러도
챙겨줄 사람이 없다
기둥은 벌써 기가 죽어
옛날의 기세는 온데 간데 없다
시간이 좀 더 흐르면
정말로 황량해질 것이다

这野山 / 这草坡 / 并不见得穷荒 / 燃烧远古残留的死寂的 / 是一束祈告的香 / 是希期的光 // 风吹雨蚀 / 椽头腐烂 / 年月久了 / 没人收拾 / 栋梁泄了气 / 连同蚱日的英姿颓倒成泥 / 再过一些时候 / 就生长了荒凉

지난 일 往事

잠깐 휴식하며
피워문 담뱃불로
고요한 어둠을 태웠다
어제 얼굴은 눈시울처럼 떠올라
쭈뼛쭈뼛 멀리 떠난다

허무한 세월속에서
내 얼굴은 거칠게 변했고
내가 자라도록 해 준 낡은 안채는
비바람 속에서
기와가 깨지고 서까래가 노출되는 것을 막을 수 없었다
무더운 여름 날 졸음에 겨운 돌문턱은
생각 밖으로 비좁다
사뿐히 발 들어 지나갔는데
누구도 찾지 못했다

歇下来 / 点一支烟 / 焚亮暗寂 / 昨天的面孔如眼圈升腾 / 怯怯地漂远 // 虚无的岁月 / 荒芜了我的脸茬 / 无法拒绝 / 我成人的老屋堂 / 风雨中 破瓦露椽 / 暑热天里打盹的石门槛 / 异常狭隘 / 我轻轻提腿迈过 / 什么也找不着

좋은 형제 好兄弟

멜대를 내려놓은 형제가
문어귀에 서 있다
나는 엄마가 돌아가셨다고 했다
그의 눈에 슬픔이 가득 고인게 확연히 보였다

강도들이 총칼 들고 문을 넘어왔다
나는 도둑이 들어왔다고 했다
그는 손에 무기를 들었다
형제는 전혀 당황하는 기색이 없다

흉년이 들어 기아에 시달렸다
나는 마지막 고구마를 꺼냈다
그는 배고프지 않다고 했다
형제는 고구마를 부모님 영전에 올렸다

좋은 집에서 살며 고기를 질리게 먹고
나는 짚신 신고 멀리 떠나련다
형제여,
이유를 묻지 마라

刚卸下草担的兄弟 / 立在门口 / 我说,妈过世了 / 眼瞳都窥见一色的悲伤 // 强人的铁蹄跨进门槛 / 我说,贼来了 / 你抄起家伙 / 我们一点也不慌张 // 荒年饥饿缠身 / 我掏出最后一块地瓜 / 你说,我不饿 / 红薯供在父母的灵前 // 住上了洋楼吃腻了肉 / 踢拖着草履我要远行 / 兄弟啊,不要 / 问我为什么

허물어진 벽 断壁

명암과 옳고 바름으로 가득한 추억들이
오직 시간으로 응집된 벽돌 밑에 깔려 있다
술을 빚을 수도 없고
즐거움을 떨어뜨릴 수도 없이
해마다 강한 햇볕을 받아
공기마저 다 빠져버렸다

익숙한 미소도 퇴락하였고
추운 밤 돌판길에 비춘 옅은 빛처럼
갓 자란 풀이 수줍게 낡은 담벽 밑에 자라있다
덧니가 막 자란 아이처럼
'아빠'라고 부를 것 만 같다

很多记忆明暗正歪 / 一股脑儿压在时光重叠如砖石底下 / 酿不出酒液 / 滴不下欢愉的感受 / 因为年复一年的曝晒 / 走泄了气 // 熟识的微笑跟着褪了色 / 如寒夜石板路上薄薄的光 / 嫩嫩的草儿羞怯地泊在老墙脚边 / 像刚冒两颗虎牙的小孩子 / 会叫一声爸爸

마 淮山

오늘 저녁은 마를 먹게 될 것이다
밤 장막이 내릴 무렵 재래시장에서 나는
껍질을 벗긴 마를 사들고 왔다
가로등이 환한 시끌벅적한 거리를 지나
땅과 멀리 떨어진 5층에 있는 집에 돌아왔다
저녁에는 마를 먹을 것이다

그 날도 찬 기운이 엄습하는 겨울이었다 농지에서
당신은 길쭉한 허리를 구부리고 삽을 땅에 박아
조심스럽게 밭에서 마를 팠다
계림에서 멀리 떨어진 남쪽의 어느 지방에서
수염을 깨끗이 밀어버린 당신은
얇다란 입을 오므리고
평온한 표정을 짓는다 당신 뒤에
멀리 보이는 산호로 된 산은 흰구름이 감돌고
하늘을 찌를 듯 솟아있다

당신은 등을 하늘로 향하고 조심스럽게 농사 짓는다
밭에는 봄에 심어 놓은 수고와 희망이 담겨 있다
"겨울이 되면 밭에는 결실로 가득하게 될 것이다.
그러면 파내서 샤브샤브를 해 먹을 거야
영양 만점에 몸도 따뜻하게 해 줄 거야"
지금까지도 이 말을 잘 기억하고 있다

후에 당신은 내 시선에서 영원히 사라져
흙의 품으로 돌아갔다
흙 위에 자라는 다양한 식물과 생명 중에는
마도 포함돼 있다
세월이 흘러가고, 시간도 끊임없이 흐른다
당신은 지금 어디에 계시는지?

마를 보면 당신 생각이 난다
북적이는 인파를 지날 때면 당신 생각이 난다
혼자 샤브샤브를 천천히 먹으면서
두 눈을 적시며
당신을 회억한다

오늘 저녁에는 마를 먹는다
부드럽고 하얀 마는
흙에서 나올 때
당신에 관한 많은 추억을 가지고 왔다

今晚我们吃淮山 / 夜色茫茫的时候我从自由市场上回来 / 我手里拎着刨了皮的淮山 / 从灯火嘈杂的马路上穿过 / 我回到安置在五楼的家里远离地面 / 今晚我们吃淮山 // 也是在寒气逼人的冬天　在农田上 / 你弯下瘦长的身腰,挥动铁铲 / 小心翼翼地在地沟里挖淮山 / 那是在南方以南,远离桂林这个地方 / 你把络腮胡子刮得干干净净 / 你抿着薄薄得嘴唇 / 神情宁静　在你的身后 / 远远望去　是白云缭绕的珊瑚嶂 / 高耸入云 // 你弓着身腰,仔细用力 / 脚下是你春天种下的辛苦与愿望 / "到了冬天,它的果实就会结满田地, / 我们可以挖出来打火锅; / 又有营养,又暖身子。" / 你的话我至今还记得 // 后来你就从我的视线里消失了 / 你回到了泥土里 / 泥土里长出各种各样的植物和生命 / 包括淮山 / 年年月月,源源不息 / 你到哪里去了? // 看见了淮山我想起了你 / 穿过熙熙攘攘的人群我想起了你 / 独自面对火锅　我细嚼慢咽 / 我的眼眶湿润 / 我想起了你 // 今晚我们吃淮山 / 淮山的肉质松软洁白 / 她出自泥土 / 她带来了许多关于你的消息

황무지 荒地

우리집 창문 아래 황무지가 있다
말 그대로 황무지다
특별한 꽃이나 향기로운 풀은 없다
봄이면
황량함과 무관심 속에서
성도 이름도 없는 풀들이 앞다투어 나온다
들쑥날쑥 위로 솟을 때 황금색 햇살은
밤이 깊어지면
이슬 같이 봄날의 꿈을 만들어낸다

여름이면 햇빛을 마음껏 머금고
만취해버린다
한 밤중에 잠에서 깨어 또 위로 자란다
더 푸르게 변한다
---내 귀에는 분명히 들린다

나는 확신한다
필연적인 순환으로 찾아드는 가을 바람 속에서
몸을 흔들며 춤을 추다
푸른 단장 서서히 지워버리고
고적(枯寂)으로 회귀한다

하지만 나는 안다
이들은 결코 떠나지 않았음을,
흙 밑에 숨어서
나와 더불어
추운 겨울을 함께 날 것이다

我的窗下有一片荒地 / 纯粹是一片荒地 / 并无名卉香草 / 一俟开春 / 荒凉漠然中 / 蜂涌起没名没姓的杂草 / 参差不齐地往上攀缘 金色的光斑 / 又在夜色的深处 / 凝结露珠般的春梦 / / 夏日里 因为畅饮阳光 / 醉昏迷糊 / 午夜酒醒 又嚓嚓挺拔 / 勃绿 / ──我听得分明 // 我知道 / 它们必在一场轮回而至的秋风中 / 招摇伴舞 啸啸应和 / 然后卸下绿色颜容 / 归于枯寂 // 但我也深知 / 它们并没有走开 / 就藏在土层下 / 与我同在 / 共渡寒冬

고향 故乡

지붕과 기와가 매몰되었다가
달빛아래에 다시 떠오른다
우리에게는 한 줄의 밧줄 밖에는 없다
빛나는 빗방울로 연결된 밧줄은
가볍게 휘날리며 높은 하늘에서 떨어진다
하얀 안개 때문에
위로 오를 필요가 없다
아래로 조용히 내려 앉는다
오히려 취향에 더 잘 맞을 것 같다
고상한 비천과 추한 아름다움
모든 것이 분간하기 힘들 정도로 뒤섞였다
햇빛이 밧줄을 걷고 빗방울도 말린다
흙에 대한 고문이 시작되고
깊은 참회 끝에 숲속에 들어가 숨었다
중얼대며 경망스런 곡조를 뽑고
불안한 마음으로 노래한다

屋顶和瓦片被淹没了 / 又在月色中浮起 / 对于我们来说 只有这么一根绳索 / 用晶亮的雨点接连而成 / 飘飘忽忽 从高空上洒落 / 白雾一片 / 不必一定要上升 / 也可以悄悄下沉 / 这样似乎更加符合我们的口味 / 高尚的卑下或者丑陋的美丽 / 不分彼此 / 阳光吧绳索收住 雨点干了 / 泥土开始接受拷问 / 深度忏悔之后遁入丛林 / 喃喃自语学着风骚的格调 / 不安地诵唱

4

사람들

사람들 这一群人

왁자지껄 떠들며
사람들은 길을 떠났다
바람이 아무리 불어도
비가 많이 내려도
빨리 걷든
천천히 걷든
절대로 멈추는 법이 없다
그 자리에 머물러 있는 법이 없다

울기도 하고 소리도 지르고
웃기도 하고 외치기도 한다
생활은 매일 계속된다
서로의 생각은 서로 다르다
긴 시간이 지나고 올랐던 산, 건넜던 강 돌아보니
익숙한 사람들은 세상을 떠났다

죽은 사람은 미련을 품고
소원을 남긴다
살아 있는 사람은 전혀 신경 쓰지 않고
여전히 술 마시고 노래를 부르며
목이 쉬도록 소리 질렀고,
두 눈은 이미 충혈되었다

吵吵嚷嚷 / 你们又上路 / 不管多少风 / 多少雨 / 无论走得快 / 走得慢 / 总不会歇着 / 赖着不动 // 有的哭,有的喊 / 有的笑,有的叫 / 日子每天都得过 / 想法尽可以不一样 / 许多年以后回首爬过的山,涉过的水河 / 熟识的面孔早不在人世 // 死去的残存遗憾 / 立下些宿愿 / 活着的可不管 / 照旧喝酒,唱歌 / 扯破嗓子 / 眼珠睁得血红

낡은 배 老船

떠나야 할 것은 다 떠나고
떨어질 것이 다 떨어져버렸다
망망대해 속의 배 한 척
끊임없이 일어나는 파도에
뚫린 구멍
고치고 또 고치면서 허리까지 휘었지만
여전히 배는 물이 샌다
이대로 좌초해 버리는 것이 어떨까
아니면 그것을 쪼개어
모래사장에서 모닥불을 피워볼까
밤새도록 옛 추억이 그리워질 것이다

정에 매어
눈물을 흘리는 것은
바람이 황야를 휩쓸게 된 본심이 아니다
겨울을 못 이기는 교목은
늦가을의 도도함과 쓸쓸함 속에서
그 돌아가야 할 곳을 찾을 수 밖에 없다

该去的就去吧 / 该落的已经落了 / 汪洋海上的一片船 / 年月掀起的浪尖 / 咬穿了洞 / 修修补补累弯了腰 / 还是漏水 / 就让它搁浅算了 / 要不 把它劈成碎片 / 在沙滩上点燃篝火一堆 / 凭吊一宿昔日的倩影 // 缠缠绵绵 / 啼哭洒泪 / 不是风压荒原的本色 / 不能逾冬的乔木 / 注定在暮秋的冷艳中 / 找到她的归宿

인생 人生

푸르디푸르던 잎들은
언젠가는 떨어지고 만다
친절하고도 말없는 흙으로 돌아간다
열매는 익어간다

기억은 한 쌍의 성실한 눈으로
회상은 진지한 두 손으로
눈으로 찾고
손으로 줍는다

세월은 담을 넘는 바람과도 같으니
나는 담장 위의 풀
사랑에 흔들리고
그대를 담 모퉁이로 불러
나와 뒤엉키게 한다

狂绿过的东西 / 总要陨落 / 回到至亲无言的土里 / 成熟如果 // 记忆有一双诚实的眼 / 回想 是一双真切的手 / 寻找吧 / 捡起吧 // 时光如过墙的风 / 我是墙头的草 / 摇晃着恋情 / 诱她到墙角下憩息 / 和我缠绵

계절 季节

봄의 근본에 상처주어도
또 그 뿌리가 상해도 안 된다

여름의 폐기는 쪄서 없애야 하고
그 취약함은 시커멓게 탄다

가을은 강한 바람과 노오란 잎
그리고 주렁주렁 열린 황금빛 열매

겨울이면 씨앗은 생명을 품고
눈 이불 속에서 찬 바람의 소나타를 듣는다

春 莫损其本 / 春 莫伤其根 // 夏天 需蒸去些废气 / 烤黑脆弱 // 秋日风急叶黄 / 裸露累累金果 // 把生命凝结成一粒核 / 于雪被下聆听寒风奏响

낙엽을 읊조리다 落叶吟

낙엽은 결코 슬프지 않다
눈부시게 노오란 잎과 붉게 물든 모습이
평생의 힘 다 모아
마지막 순간에
전력질주 하는 듯 하다

낙엽은 떨어지고
줄기는 또 한 마디 더 자랐다
부담을 떨쳐내고
추위와 외로움을 무릅쓴 채
다시 봄을 찾아나선다

落叶其实并不悲哀 / 你看她的色泽金黄 / 红灿 仿佛憋足了一生的劲 / 要在最后一刻 / 冲刺 // 叶落了 / 树干又往上拔了一节 / 她得轻装上阵 / 不惜踏遍寒冷和孤独 / 找回自己的春天

사람들 속에서 人群中

하루하루의 생활은
자신의 궤적대로 움직인다
왔다갔다하면서도
거의 부딪치지도 않는다
이해에 대한 갈망은 무기력한 바람일뿐
누구도 자신의 등뼈를 볼 수는 없다

누구나 자기만의 공간이 있다
그것은 낮과 밤의 교차와는 정반대이다
—— 낮에는 아무리 노력해도
스탠드 아래의 자신을 찾을 수 없다

항상 무거운 마음을 안고 산다
사람들 틈으로 분주히 돌아다닌다
한 가닥의 웃음만을 위해서가 아니다
한 끼의 밥을 위해서는 더더욱 아니다
아니다

每个人的日子 / 都有它自己的轨迹 / 来来往往 / 很难与人交合 / 渴望理解是一种疲软的祈求 / 他看不见自己的脊背 // 每个人都藏有属于自己的空间 / 她与昼夜交替相反 / ——白天里寻不着 / 台灯下独自发现 // 常常背负一颗沉重的心 / 常在人缝中奔走 / 不是为了一缕笑靥不是为了一碗饭食 / 不是

만남 邂逅

이렇게 또는 저렇게
긴 옷자락이 가벼운 바람에 휘날린다
부드러운 깃발처럼
나는 그 깃발의 펄럭임 아래서
후회없이 날아다닌다

햇빛은 결코 유일한 빛이 아니다
마른 풀과 새싹이 있고
벽돌 조각과 널린 돌들, 그리고 꼬불꼬불한 길이 있다
마음을 부수는 많은 상징들이 땅에 널렸으나 해독할 수 없다

침울한 소리에 불과한 나의 추락은 아무 의미도 없다
시선이 마주치는 그 순간을
되도록 오랫동안 간직하고 싶었다
장마가 올 때까지
눈물에 가려 눈이 흐릿해 질 때 까지

这样,或者那样 / 若软的风扬起长长的衣角 / 像温柔的旗 / 我在旗的招摇下 / 无悔地飘落 // 日光并不是唯一的光 / 有枯草、嫩芽 / 还有半截砖头、乱石和弯曲的马路 / 那令人心碎的符号撒了一地、无人解读 // 我的陨落毫无意义、我只是一绺沉没的声音 / 彼此目光遭遇的那一刻 / 我们尽量将它延长 / 直等到雨季的来临 / 大家泪眼婆娑

벌레의 꿈 虫豸的梦想

벌레가 평생을
나뭇잎 한쪽 면만 기어다닐 수 있다면
다른 한 면의 아름다움을 잊을 수도 있었을 것이다
만약 지금의 편안하고 빛나는 것에만 빠져있으면
우울하고 절망에 찬 어둠 속에 빛나는 아름다움을 보지 못할 것이다

또 다른 진실을 위해
부단히 칼벼랑 넘기를 원한다
지금까지 숨어 있던 다른 한 면을 보기 위해
벌레는 기억한다
예전에 조금씩
거만한 뼈를 하나 둘 깨뜨리려 했다는 걸

절벽과 낭떠러지는 없을지도 모른다
슬픔과 기쁨도 관능적 표상에 지나지 않을 수도 있다
모든 희망을 외롭게 매달린 푸른 잎에 걸었을 수도 있다
하여 감히 씹지도 못하고
먹어버리지도 못하는 것이다

이름 모를 가을 바람이 일 때면
구원의 손길도 없이 떨어지고 말 것이다

마른 가지와 시든 잎에 가려져 있던 진실은
작은 세계 속에 드러날 것이다
더 이상 타고 오를 것이 없다는 사실 속에서
그 어떤 장애도 없이
원만한 결말과 자유를 보게 될 것이다

如果我的这一生 / 只能在树叶的这一面爬行 / 我将会失去另一面也许更加灿烂的风景 / 如果我只沉迷于眼前舒心光明的事物 / 我将看不到我忧郁绝望的黑暗中洗练的光斑与倩影 // 为了看到另一种真实 / 我愿一次有一次翻越那锋利高悬的绝壁 / 为了能够看到我自己那半张隐秘的面孔 / 我记得 / 我曾经试图 / 一点一点地要将身上那些骄傲的骨头敲碎 // 也许,那绝壁与悬崖并不存在 / 也许,那悲伤与欢乐也不过是一时耽于感官的表象? / 也许因为你寄希望于那一片孤悬的绿叶 / 所以你不敢将她咀嚼 / 不敢将它吃透 // 当无名的秋风想起 / 你会在孤立无援中坠落 / 那隐蔽于枯枝残叶间的真相 / 也会从局促的世界里展现 / 你也将在无所攀缘的过程中 / 看到自己的圆满　自由 / 没有障碍

소생 苏醒

어제에 대한
기억은 무엇인가?
잠에서 깨면
떠다니는 환상 밖에
아무 것도 얻지 못했다

그 시절 편히 잠 들수 있어
나는 무척 감사하게 생각한다
보금자리 같은 그리고 요람과도 같은
그 곳에서 나는 움츠리고 있다
나는 모든 투쟁과 몸부림을 포기하고
자신의 모든 것을 암흑의 심판에 맡긴다

그러나 잠에서 깨면
아무 것도 얻는 것이 없다
나는 뜨거운 해빛 밑에 추방되고
들썩이고 건조해 빠진 거리에 내버려진다
그 곳에서는
꿈의 조각 조차 얻지 못한다

불쌍한 달팽이처럼
간신히 나무 꼭대기에 올라서야

나무가 이미 말라 죽었다는 사실을 깨달았다
유일한 희망을 보여준 아침 이슬이
썩은 것을 촉촉하게 적셔주고
이렇게
죽음에서 빠져나갈 기회를 남겨 둔다

关于昨天 / 我能记忆起什么? / 一觉醒来 / 除了一些浮游的幻想 / 我什么也捡不回来 // 感谢那段时光 / 那段让我安息的时光 / 像一个睡喽或者摇篮 / 我龟缩其中 / 我放弃所有的斗争与挣扎 / 我把自己的一切交给黑色裁判 // 可是一觉醒来 / 我什么也得不到 / 我被放逐在烈日下 / 我被抛弃在喧闹而干渴的大街上 / 在这里 / 我甚至连一些梦想的碎片也得不到 // 像那只可怜的我蜗牛 / 好不容易爬上了树顶 / 忽然发现这棵老树早已枯死 / 只有早晨的露水上残存一点希望 / 她把腐败打湿以此 / 给死亡留下逃生的缝隙

일렬로 선 오동나무 那一排树

'지-아-악, 지-아-악' 나는 놀라서 깼다
그리고
그 '뿌-덕-뿌-덕' 도끼 소리 들린다

집 뒤 큰 길 옆
아름다운 오동나무가 일렬로 서 있다
봄이면 환하게 웃는 꽃송이가
사람을 유혹한다

따뜻한 햇빛아래
그들은 그 곳에 가로로 누워있다
아무 소리도 없이

是"吱呀吱呀"的呼喊声惊醒了我 / 其实 / 还有"卜得卜得"的斧头声 // 在屋后的大路边 / 有一排俊美的泡桐 / 开春时节笑容朵朵 / 叫人着迷 // 温和的阳光下 / 她们横躺在那里 / 无声无息

나무 树

나는 맨 마지막에 서 있다
나도 곧 넘어질 것이다
홍수는 모든 밝음을 삼켜버렸다

마지막 순간
나는 마지막 숨을 고르고 있다
깊은 바다 속에서 쭈그린 채
스스로를 격려한다

큰 물은 언젠가는 물러갈 것이다
나는 푸른 가지를 높이 들고
하얀 비둘기가 나타나기를 기다리고 있다
기대를 저버리지 않을 눈으로

我站在最末尾的一排 / 我也将倒下 / 洪水吞噬了所有的亮光 // 在最后的一刻 / 我留住最后一口气 / 蹲在汪洋的深处 / 自己鼓励自己 // 大水必然有消退的一天 / 我要把绿枝高高举起 / 只等白鸽翩翩而至 / 以不负期望的眼镜

조가비 贝壳

잔잔한 물결은 물 주름을 이룬다
주름끼리 모여 아름다운 웃음이 된다

무형에서 유형에로
부드럽다가도 방탕하게 변한 폭풍은
파도를 잡아들고 절벽을 때려 부순다

물은 원래 고요한 것
바위와 해안선도 침묵으로 일관했다
석양이 해수면을 황금빛으로 물들였으나
물 속은 별로 뜨거워지지 않았다

이 별에서 저 별로 옮겨진 물체는
저 별에서 다시 한 방울의 물로 되돌아간다
시간과 조수는 어깨를 나란히 하고
힘 합쳐 조가비를 모래사장에 던진다

누군가 그것을 주어 책상위를 장식한다
시선에서 곡선이 만들어진다
생명의 껍데기라고 하는 것에
의미가 부여되었다

涟漪是水的折皱 / 折皱连成一片变成美丽的笑颜 // 风暴由无形而有形 / 由温柔而狂放 / 它抓起波浪砸烂在悬崖之上 // 水,原本是静止的 / 岩石和海岸线也是沉默的 / 落日把海平面烧成沸腾的金黄色 / 水温却不见升高 // 有一种东西,从一个星球传到另一个星球 / 又从另一个星球传回到每一粒水珠中间 / 时间与潮汐肩并肩 / 它们合力把我抛到沙滩上 // 有人把我拣去了,装饰在桌面上 / 他的视线中建起了弯曲 / 所谓生命的空壳 / 就有了意义

생명성 탐구와 서정의 귀환
–장민의 시 세계

강 경 호
(문학평론가, 계간《시와사람》 발행인 겸 주간)

1.

동양사상에서 자연을 하늘과 땅, 생명이 있는 동·식물 등과 함께 인간마저도 포괄하는 개념이다. 자연은 변하지 않는 것으로 언제나 있는 그대로의 모습을 보여준다. 그런 까닭에 옛부터 수많은 시인들이 자연을 노래하며 인간 존재에 대해 통찰해 왔다. 그러므로 오늘날에도 시인들이 끊임없이 자연을 노래하고 있다.

장민 시인 역시 자연을 주요시적 모티브로 삼고 있다. 이를테면 '햇빛', '씨앗', '밤', '마른 잎', '꽃', '나무', '봄', '풀', '비', '새끼 양' 등 그의 시 속에 등장하는 자연물들을 보면 보다 명확해진다. 자연을 노래한 그의 시편들은 '생명성'을 묘파하며 인간의 삶의 모습을 담아내고 있다. 더 나아가 자연의 순리와 순환을 통해 이에 순응하는 인간됨을 끊임없이 말하고 있다.

한편 장민 시인의 시는 본향회귀의 정서를 통해 폐허가 된 고향집에 대한 아쉬움과 그리움의 정서를 토로한다. 더불어 그의 시는 유년의 기억들을 퇴새김하며 지금은 상실한 때묻지 않은 인간의 모습을 다시금 보여준다.

자연을 통한 생명성 탐구와 고향 및 유년을 기억해내고 상실감과 그리움의 시적 정서를 환기시키는 장민 시인의 시는 서정의 본질을 깨우쳐주고 서정시의 의미를 또다시 생각하게 한다.

주지하다시피 서정시는 자아가 세계를 높이고 자신을 낮추는 예술의 형식이다. 이는 세계를 자기와 동등한 생명적 존재로 인식하는데 서정의 본질로 대상에 대한 생명의 체득이다.

또한 서정시는 동심의 상태, 즉 천진난만하여 서정이 지향하는 순수한 삶의 근원적 성격을 드러낸다. '고향'에 대한 의식도 서정의 본질을 구성하는 근원이다. 어머니 품과 같은 기쁨과 평안의 대상으로 인식한다. 분열된 도시적 삶에서 자기정체성을 회복할 공간으로 고향을 떠올리며 돌아갈 대상으로 꿈을 꾼다. 이는 에른스트 피셔가 서정을 '근원으로 돌아가고자 하는 욕망'으로 풀이한 것과 궤를 같이 한다. 인간에게 '근원'은 인류가 태어나 자아가 세계와 분리되지 않은 동질성의 영역에서 살던 때를 말한다. 이 때에는 모든 것이 손상되지 않은 시대였다. 소외와 고립이 없고 대상과 지속된 관계 속에서 커다란 우주적 가족의 삶을 살던 때이다. 유년과 고향을 노래한 장민 시인의 시편들은 이러한 의식에서 출발한다.

2.

장민 시인의 시에서 가장 빈번하게 나타나는 생명성 탐구의 시편들은 앞에서 밝힌 것처럼 자연과 함께 하는 인간의 모습에서 찾을 수 있다.

자연의 순리와 순환 속에서 이어지는 생명성을 통해 인간 존재를 드러내는 것이 그의 생명성 탐구의 시편들이다. 더불어 그의 생명성 탐구의 시편들은 강인한 생명에의 의지를 보여준다.

소라처럼
자신의 생명을 껍질 속에 담은 채
바다 속 깊은 곳에 이르고
시끄러운 세상 떠나
새로운 풍경 찾아다닌다
민물과 썰물의 소리 두꺼운 껍질 뒤흔들고
외로운 영혼과 부딪친다
소라는 많은 꿈을 꾼다
여기저기 헤엄치는 작은 물고기 같은 꿈
온 바다를 단번에 담을 듯한 거창한 꿈

숨소리가 고요함 속에 깊이 잠들면
소라는 바다와 함께 있을 것이다
파도가 옛 꿈 실은 껍질을
모래사장으로 밀어낸다
해변을 산책하던 이가 주워서
책상위에 놓아둔다
자기만의 세상을 꾸며줄 것이다

-「생명의 형식」 전문

시인은 누군가가 바닷가에서 주어 책상 위에 둔 소라껍질에 주목한다. 지금은 그저 빈 소라껍질이지만 한때는 생명체를 담았던 그릇이기 때문이다. 인간 역시 소라껍질처럼 생명, 즉 영혼을 간직한 존재이다. 그러므로 화자는 소라껍질을 통해 인간의 생명성을 드러낸다. "자신의 생명을 껍질 속에 담은 채/바다 속 깊은 곳에 이르고/시끄러운 세상 떠나/새로운 풍경 찾아다"니는 것이 인간의 삶과 다를 바가 아니다. 때로는 "민물과 썰물"로 은유화된 세상의 온갖 시련과 부딪치며 "외로운 영혼과 부딪친다" 작품 속에 소라가 꿈을 꾸듯 자신의 꿈을 키워가는 것이 인간의 삶이다. "여기저기 헤엄치는 작은 물고기 같은 꿈/온 바다를 단번에 담을 듯한 거창한 꿈"을 실현시키거나 그렇지 못해도 언젠가는 생명을 마감하게 된다. 이것은 인간 뿐만 아니라 자연계의 살아있는 생명체이면 모두가 다를 바가 없을 것이다. 자신의 꿈을 키웠을 소라가 생명이 다하고 빈 껍질만 해변가에 뒹굴 때 누군가가 그것을 주워 책상 위에 장식품으로 놓아두기도 하지만 한때는 꿈꾸는 존재였음을 말해주는 징표이다.

이 작품에서는 구체적으로 나타나있지 않지만 '생명'이 그저 생물학적인 살아있음만을 말하지 않음을 암시하고 있다. 그러므로 시인은 '소라껍질'과 그것 속에 담긴 생명성, 즉 영혼의 관계 소에 '생명의 형식'이 이루어지고 있음을 묘파하고 있는 것이다.

장민 시인의 시는 생명의 필수요소인 '햇빛'과 '밤'에 대해서도 관심을 보여준다. 주지하다시피 햇빛은 생명이 잉태하고 성장하게 한다. 이에 반해 밤은 생명체에게 휴식을 제공한다. 그러므로 햇빛과 밤 모두 생명체의 성장을 위해서는 필수적인 자연현상이다. 그래서 "늙은 나뭇잎에 쌓인 빗방울이/활짝 핀 꽃의 꽃술 위에 떨어지듯 다가"오는 것이 '햇빛'이라고 「햇빛」이라는 시작품에서 노래할 수 있었던 것이다. 더불어 "푸름의 깊어짐과/풀잎이 자라는 것은/모두가 황혼이 깊어진 뒤에 이루어진다"(「밤」)고 말할 수 있었던 것이다.

다음의 「마른 잎」은 생명의 순환을 적절하게 노래한 시편이다.

> 긴 겨울을 버텨냈던 마른 잎이
> 드디어 꿋꿋히 솟아나는 새싹에 밀린다
> 외마디 신음을 토하며,
> 공중을 빙빙 돌며,
> 소슬한 황혼 속에 떨어진다
> 그리고 다시 축축한 저녁바람의 입에 물려
> 밀치락 뒤치락
> 한바탕 놀림세례를 받고나서
> 요란스레 땅바닥에 내려앉는다
>
> 어둠이 조수처럼 빠져나갈 때
> 긴 빗자루에 쓸려
> 쓰레기통 속으로 보내질 것이다
> 그 누가 기억해줄까?
> 한 때는 무더운 여름날의 더위를 막아줬을 마른 잎을,
> 한 세월 세월의 흔적이 새겨진 마른 잎을,
>
> -「마른 잎」 전문

"마른 잎"은 '소라 껍질'처럼 생명의 흔적이다. 생명이 다

해 잎이 말라버린 후 "긴 겨울을 버텨냈던 마른 잎"은 봄날 "꿋꿋히 솟아나는 새싹에 밀린다" 그러다가 "소슬한 황혼 속에 떨어진다" 그러다가 "긴 빗자루에 쓸려/쓰레기통 속으로 보내질 것이다" 여기까지는 화자의 주관적인 생각이 개입되지 않은 사실 그대로의 모습을 보여주고 있다. 그러다가 "그 누가 기억해줄까?" 하며 나뭇가지에서 떨어져 나간 마른 나뭇잎의 존재에 대해 질문을 한다. 그 동안 "한 때는 무더운 여름날의 더위를 막아줬을 마른 잎"의 일생에는 "세월의 흔적이 새겨"져 있을 것이다. 이 세월이라는 시간 속에는 나뭇잎은 청춘과 희생성이 깃들어 있다. 비록 신생의 새싹에 밀려 나뭇가지에서 떨어져나가 쓰레기통에 들어가는 최후를 맞지만, 그것은 마치 청년이 청춘을 다 보내고 자신의 자리를 청년에게 물려주고 마침내 죽음을 맞이하는 생로병사의 과정과 같다. 그러므로 나뭇잎의 일생은 춘하추동의 이치와 맞닿아 있다. 봄이 왔다가 여름으로 건너가고 무성함을 자랑하다가 조락을 맞아 마침내 생명으로써의 과정을 다하는 것과 같은 것이다. 그러나 죽음, 또는 소멸은 사라지고 끝나는 것이 아니라 새로운 생명에게 바톤을 이어주는 것이다. 이것은 자연의 순리이며 순환으로 생명세계가 끊임없이 이어지게 하는 연속성을 지니게 한다. 이러한 자연의 순환과정을 보여주는 것이 「마른 잎」이다.

이처럼 '마른 잎'으로 상징화된 생명의 고리는 '파종'을 통해 생명의 순환고리를 이어간다.

도시로 호적을 옮겼다는 것은
많은 것을 잃게 되었음을 말한다

어쩔 수 없는 일이다
그 시절에는 심사숙고하는 법을 몰랐다

시가지와 모집광고들, 그리고 얼굴과 마음들
와인잔에 색깔있는 액체를 가득 붓고
소음 속에서 굳어가는 내 가슴을 더듬어보았다
아직은 부드러운 작은 부분이 남아 있다

단순함은 사적인 것이다
거리의 파란 색은 이미 계절을 잊었다
아무런 계시도 주지 않는다
나는 스스로 쟁기를 수선했고
곡식을 거두고 씨앗을 준비한다

자유로운 새들의 울음소리를 들을 수 있다면
손바닥 위의 세상은 균열되지 않을 것이다
파종은 위대한 노동이어서
흙내음 실컷 맡을 수 있으며,
땀 흘린 보람을 느끼게 한다

-「파종」 전문

오늘날 서정시의 기능 중에서 자본문명에 대한 비판 및 깨달음을 주는 일은 무엇보다도 중요하다. 농경사회의 미덕들이 도시에서는 많이 사라졌기 때문이다. 농경사회는 자연이 보존된 상태였다. 점차 도시화되어가면서 탐욕스러운 인간은 자연마저도 자본화시켜나갔다. 울창한 숲을 베어내고 공장을 짓고 도시화하였다. 그러나 농경사회의 미덕은 정직성이다. 씨앗을 뿌리고 가꾼 만큼 대지는 그 만큼을 되돌려 준다.

화자는 "도시로 호적을 옮"긴 적이 있다. 지금은 다시 농촌으로 돌아와 씨앗을 뿌린다. 그 지점에서 자신을 되돌아보고 있다. 도시에서 살던 때 화자는 "심사숙고하는 법을 몰랐다"고 고백하고 있다. 사람들이 밀집된 도시에서는 "모집광고들", "와인잔에 색깔있는 액체를 가득 붓고/소음 속에서 굳어가는" 자신을 더듬어 보았다. "거리의 파란 색은 이미 계절을 잊었다" 농촌에서의 파란색은 생명성을 상징하지만 "시가지와 모집광고들"이 즐비한 비인간적인 도시는 "아무런 계시도 주지 않는다"는 진술이 뒷받침해 주는 것처럼 생명성과는 연관이 없다. 이렇듯 비인간적인 도시라는 공간을 뛰쳐나온 "나는 스스로 쟁기를 수선했고/곡식을 거두고 씨앗을 준비한다" 수천 년 동안 해온 농부의 일과처럼 화자 역시 생명이 살아있는 농촌에서 자연과 더불어 생명을 일구고 있다. 그곳에는 "자유로운 새들의 울음소리를 들을 수 있"어 "세상은 균열되지 않을 것이다" 그것은 "파종은 위대한 노동이어서/흙내음 실컷 맡을 수 있으며,/땀 흘린 보람을 느끼게" 하기 때문이다.

이 작품은 인간의 탐욕에 대한 성찰과 더불어 자연과 더불어 살아가는 참된 인간의 모습이 투사되어 있다.「일렬로 늘어선 나무」에서는 보다 강한 목소리로 자연을 재화적 가치로 인식하는 인간의 탐욕에 대해 질타하며 묵묵히 사라져가는 자연의 모습을 담아내고 있다.

여기저기서 벌목하는 소리 들려오지만
끙끙대는 신음을 아무도 듣지 못하는 것 같다

침묵과 성실함, 그리고
당당함 때문에 사람들은 나무의 생각을 듣지 못한다
누군가 '자르라'는 신호만 보내면 나무는 넘어간다

그들의 함성 때문에 자주 악몽에서 깬다
원예사가 아니기에 이 곳에서 나는
왔다갔다 하는 나그네였다 원예사처럼
당당하게 뛰어가
강철 같은 손으로 도끼를 막지 못했다

부활술을 아는 무당은 생계를 유지할 방법이 없어
세상을 떠나버렸다. 그들은 부드러운 두 팔로
흙과 나무와 다른 생명들을 한데 모은다
모닥불에 옆에 둘러서서 노래부르며 춤 춘다
그들은 아무런 유언도 남기지 않았다
그들의 노랫소리는 불꽃에 모두 타버렸다

-「일렬로 늘어선 나무」 전문

"여기저기서 벌목하는 소리 들려오지만/끙끙대는 신음을 아무도 듣지 못하는 것 같다" 벌목공들이 나무를 쓰러뜨릴 때 그 나무들이 내지르는 신음을 듣지 못하기 때문이다. 나무를 베어 인간의 필요에 의해 쓰겠다는 일념 뿐이다. "누군가 '자르라'는 신호만 보내면 나무는 넘어간다" 마치 사형수를 향해 총을 쏘라는 명령만 내리면 나무들은 자신들의 의지와는 상관없이 예리한 전기톱날에 쓰러질 뿐이다. 나무를 대하는 옛사람들은 지금과는 달랐다. 나무에도 영혼이 깃들어 있다고 생각했다. 그래서 마을 당산나무를 마을의 수호신으로 여겨 신목(神木)이라고 하였다. 그러나 오늘날 나무는 그저 인간 욕망의 대상일 뿐이다. 이렇듯 비정한 물신주의 시대에 화자는 "그들의 함성 때문에 자주 악몽에서 깬다" 뿐만 아니라 "당당하게 뛰어가/강철 같은 손으로 도끼를 막지 못했다" 그리고 오늘날에는 그 옛날 죽은 생명을 살렸다는 "부활술을 아는 무당은 생계를 유지할 방법이 없어/세상을 떠나버렸다." 자본이 권력이 되어버린 시대에 무당처럼 부활술을 아는 사람은 아무 쓸모없게 되었기 때문이다.

벌목 당하는 일렬로 늘어선 나무들을 바라보는 화자는 생명 경시풍조의 세태를 비판하며 자연과 인간이 상생하지 못함을 통찰하고 있다.

3.

시가 시다워지는 지점은 시인이 자신의 존재성에 대해 고뇌하는 시간이 존재하는 곳이다. 이 시간은 타성에 젖은 자신은 물론 사람들을 낯선 세계에 불러내어 정서적 충격을 주는 지점이기도 하다. 그러므로 서정시는 유년과 고향에 대한 인식을 커다란 덕목으로 삼기도 한다. 고향이 머무는 지점은 그저 자신을 낳고 기를 공간만이 아니다. 물론 근본적으로 자신을 낳고 성장시킨 공간이기는 하지만, 고향은 정서적 사건들을 배태하게 하고 그 기억들을 간직하고 살게 하는 힘을 지닌 것일 때에야 비로소 고향을 고향이라고 말할 수 있다.

고향에서 보낸 유년의 추억과 부모와 가족, 그리고 그곳에서 함께 지낸 추억을 공유하는 사람들을 생각하며, 고향을 떠나와 세상에 나와 살아갈 때 그 시절은 끊임없이 자신을 통찰과 성찰의 길로 안내한다.

고향에서의 유년은 때묻지 않은 순수한 시간이며 공간이

다. 세상에 나와 살면서 유년이 그리운 것은 때묻지 않은 순수가 그리웁기 때문이다. 그만큼 세상은 모순과 부조리의 세계이다. 그렇기 때문에 유년을 생각하며 자신을 정화시키고자 하는 것이다.

이러한 기능을 하는 것이 서정시의 본질이며 가치라 할 수 있다.

장민 시인의 시편 중 고향과 유년을 형상화시킨 작품들은 이러한 서정시의 본질에 충실하다.

지쳐버린 석양이
민둥산 뒤로 흔들흔들 떨어지려 한다
둥지로 돌아온 새가 이를 보고
큰일이라도 난 듯
숲 속에서 울어댄다

하늘은 점점 어두워진다
흰 색과 검은 색이 서로 엉켜서
산기슭 촌락을 둘러싸고
경계마저 희미해졌다

딴 눈을 판 잠간 새에
등불이
동쪽에서, 그리고 서쪽에서 빛나기 시작한다
서로 경쟁이라도 하듯
하늘의 별 마냥
어둠 속에서 떠오르기 시작한다

삼삼오오 몰려든 개구쟁이들이 떠들어대며

마을 어귀에서 달려올 때
밤 풍경이 모습을 드러내기 시작한다
조수마냥 밀려오는 개구리 울음소리가
언젠가 물가에서 본 잔잔한 물결을 연상케 한다

어둡고 넓은 하늘에
달은 우아한 모습을 드러낸다
꿈 속에서 그리던 누나의 모습이다
아름다운 얼굴
부드러운 눈빛

-「유년의 추억」 전문

서정시는 현재의 위치에서 시를 형상화시키지만 언제나 '거기'라는 과거의 지점을 바라본다. 위의 작품은 어른이 되어 유년을 바라보고 있다. 저녁 무렵 하루종일 지상을 비추던 "지쳐버린 석양이/민둥산 뒤로 흔들흔들 떨어지려 한다" "지쳐버린 석양이" "흔들흔들 떨어지려 한다" 등에서 볼 수 있듯 의인화 및 시인의 자의적인 해석이 엿보인다. 보다 실감나게 표현하고자 하기 때문이다. 태양이 민둥산 뒤로 떨어지려 하자 놀란 새가 "큰일이라도 난 듯/숲 속에서 울어"대는 유년의 저녁무렵의 풍경이 매우 경이롭고 아름답다. "하늘은 점점 어두워"져 "흰 색과 검은 색이 서로 엉켜서" 하늘과 산의 "경계마저 희미해졌다" 저녁무렵의 풍경을 매우 시각적으로 그려내고 있는 시인의 능력이 돋보인다. 그 무렵 "등불이/동쪽에서, 그리고 서쪽에서 빛나기 시작"해 마치 경쟁하듯 "하늘의 별"처럼 "어둠 속에서 떠오르기 시작한다" 아름다운 서경시를 보는 듯하다. 이 작품은 3연이 끝날 때까지 특정한 서사가 없다. 4연에서 "삼삼오오 몰려든 개구쟁이들이 떠들어대며/마을 어귀에서 달려올 때/밤 풍경이 모습을 드러내기 시작한다" 역시 개구쟁이 아이들조차 풍경으로 환치시켜 버린다. 이때 개구리 울음소리가 들리고 달이 하늘에 떠 있는데 달이 누나의 얼굴로 겹쳐진다.

앞에서 밝힌 것처럼 서정시의 시간은 과거에 머문다. 그러나 그 해석은 현재에 기술하는 까닭에 유년의 추억들이 마치 꿈결처럼 아름답게 느껴지는 것이다.

유년을 추억하는 장민 시인의 시편은 독자들을 농경사회로 시간여행하게 한다. 벼가 다 익은 가을하늘을 기러기가 날고, 철부지 어린 나는 한여름밤 반딧불을 쫓아다녔다. 밤이면 돗자리를 펴고 잠에 들면 할머니는 부들부채로 별을 따주곤 했다. 또 다른 「유년의 추억」에서는 저물녘 서쪽하늘을 태양이 붉게 물들일 때 아이들은 그것을 바라보고 밤이 되면 평온하게 잠들곤 했는데 폭풍우와 번갯불에 아이들이 놀라기도 하였다. 마치 동화처럼 아름답고 그리움을 자아내게 한다.

그러나 고향을 떠나 살다가 다시 바라보는 고향은 그의 시가 지적한 대로 황무지처럼 황량하고 폐허가 되었다. 이 모습은 현실이어서 마음이 아프다.

야산과
풀 덮힌 언덕은
그다지 황량하게 느껴지지 않는다
태고적 부터 남아 있는 고요함을 태우는 것이
한 묶음의 기도하며 올리는 향이며
희망과 기대에 찬 빛이다

비바람의 세례를 받아
서까래는 다 썩고
긴 세월이 흘러도
챙겨줄 사람이 없다
기둥은 벌써 기가 죽어
옛날의 기세는 온데 간데 없다
시간이 좀 더 흐르면
정말로 황량해질 것이다

-「황량함」 전문

이 작품의 배경은 고향마을인가보다. "야산과/풀 덮힌 언덕은/그다지 황량하게 느껴지지 않는다"고 한다. 그러나 고향집으로 여겨지는 집은 "비바람의 세례를 받아/서까래는 다 썩고/긴 세월이 흘러도/챙겨줄 사람이 없다" 뿐만 아니라 "기둥은 벌써 기가 죽어/옛날의 기세는 온데 간데 없다" 이 폐허의 집은 사람이 살지 않기 때문이다. 우리가 그리는 고향은 마음 속에 남아있을 뿐이다. 현실에서는 만나기 어렵다. 그러면서도 우리는 끊임없이 고향을 그리워하고 노래한다. 어쩌면 이 세상에 없는 시간과 공간 속에서만 존재하는 것이 고향일지 모른다. 황량한 폐허의 풍경 앞에서 화자는 마음이 쓸쓸하고 가슴이 저릴 것이다. 이러한 정서를 담아낸 작품으로 「허물어진 벽」이 있다. 벽을 노래한 이 작품은 시인의 추억이 서려있는 곳이다. "해마다 강한 햇볕을 받아/공기마저 다 빠져 버렸다" 고향집 벽으로 생각되는 벽을 바라보는 시인의 마음이 편치 않을 것 같다. 이처럼 우리가 고향을 그리워하고 사색에 빠지지만 실상 현실에서의 고향은 추억 속에 깃든 고향이 아님을 볼 수 있다.

장민 시인은 '좋은 형제'에 대한 기억도 간직하고 있다.

멜대를 내려놓은 형제가
문어귀에 서 있다
나는 엄마가 돌아가셨다고 했다
그의 눈에 슬픔이 가득 고인게 확연히 보였다

강도들이 총칼 들고 문을 넘어왔다
나는 도둑이 들어왔다고 했다
그는 손에 무기를 들었다
형제는 전혀 당황하는 기색이 없다

흉년이 들어 기아에 시달렸다
나는 마지막 고구마를 꺼냈다
그는 배고프지 않다고 했다
형제는 고구마를 부모님 영전에 올렸다

좋은 집에서 살며 고기를 질리게 먹고
나는 짚신 신고 멀리 떠나련다
형제여,
이유를 묻지 마라

-「좋은 형제」 전문

화자는 먼 옛날 "엄마가 돌아가셨다"는 이야기를 들었다. 당연히 "그의 눈에 슬픔이 가득 고"였을 것이다. 총칼을 든 도둑들이 들어온 기억도 간직하고 있다. "형제는 전혀 당황하는 기색이 없다" "흉년이 들어 기아에 시달"리며 "마지막 고구마를 꺼"내 "부모님 영전에 올"리기도 하였다. 나는 "좋은 집에서 살며 고기를 질리게 먹고" 싶어 "멀리 떠나"려고 한다. 앞에서 열거한 이야기들은 장민 시인이 체험한 배고픈 시절의 이야기일지도 모른다. 물론 아닐 수도 있다. 그러나 배가 고파 고향을 떠나려는 자와 같은 이야기는 장민 시인도 공감하는 이야기일 것이다.

이렇듯 고향은 상처를 주고 아픈 기억을 간직하게 하지만, 그러나 시간이 많이 지날수록 더욱 그리워지는 곳이다. 이는 마치 연어가 고향을 떠났다가 다시 돌아오는 것과 같은 회귀성은 때묻지 않은 시절을 그리워하는 본향에 대한 그리움 때문이다. 이 순수한 그리움은 인간을 인간답게 하는 힘이며 신앙같은 것이다.

그래서 서정시를 앞에서 말했듯이 에른스트 피셔는 '근원에 돌아가고자 하는 욕망'으로 풀이했던 것이리라. 어른이 되어 고향을 떠나 살면서 왜곡된 현상을 바르게 펴기 위해 정화시키고자 하고, 현실적 모순을 극복하고자 하는 것이다. 그래서 시인은 귀향을 꿈꾸기도 한다.

세상을 방랑하던 그날부터
집을 손보지 않았다
집 지키던 개도 새 주인 찾아 떠나고
마당은 황량하게 변했다

마을 아이들은 벌써 어른이 되어
새로 지은 양옥마냥
오기로 가득차
아무말도 하지 않는다

낡은 초가는 할배 할매처럼
눈은 침침해지고
이도 다 빠져 합죽이가 되어 나를 알아보지 못한다

-「귀향」 전문

화자는 "세상을 방랑"했나보다. 그러다보니 자연히 "집을 손보지 않았"고 "집 지키던 개도 새 주인 찾아 떠나고/마당은 황량하게 변했다" 세월은 흘러 "마을 아이들은 벌써 어른이 되어/새로 지은 양옥마냥/오기로 가득차/아무말도 하지 않는다" 고향을 떠나 살다가 다시 집에 돌아왔을 때의 낯섦에 대해 화자는 몹시 쓸쓸하고 외로웠을 것이지만 이는 고향을 떠난 자신의 탓이다. 고향에 돌아왔어도 현실에서는 고향으로 느껴지지 않았을 것이다. "낡은 초가는 할배 할매처럼/눈은 침침해지고/이도 다 빠져 합죽이가 되어 나를 알아보지 못한다" 이것은 엄연한 현실이다. 그러므로 고향은 오직 마음 속에, 기억 속에만 남아있는 것이다.

그런데 화자는 왜 고향을 그리워하는 것일까? 그리고 다시 고향으로 돌아온 것일까? 그가 찾고자 한 것은 자신의 마음 속에 있다는 위의 말처럼 순수 본향에 대한 그리움 때문이다. 순수 본향에 대한 그리움은 서정시가 추구하는 아주 중요한 가치이다. 왜곡된 현실을 바로잡고 정화시킬 수 있는 것이 순수본향을 그리워하는 마음이기 때문이다.

장민 시집
벌레의 꿈

2015년 10월 25일 인쇄
2015년 10월 31일 발행

지은이 | 장 민
번 역 | 전 금 숙
펴낸이 | 강 경 호
인쇄 · 기획 | 도서출판 시와사람
등록 | 1994년 6월 10일 제 05-01-0155호
주소 | 광주시 동구 백서로 125번길 32-5(금동)
전화 | (062)224-5319
팩스 | (062)225-5319
E-mail | jcapoet@hanmail.net

ISBN978-89-5665-434-8 03810

값 10,000원

공급처 ■ 한국출판협동조합
경기도 파주시 탄현면 오금리 202번지
주문전화 (02)716-5616, 070-7119-1740